Der Urriese

in Meditation, Magie und Heilung

Kontakt: www.HarryEilenstein.de
Harry.Eilenstein@web.de
Harry Eilenstein bei youtube

Herstellung und Verlag: BoD – Books on Demand, Norderstedt

ISBN: 9783754327869

Inhaltsverzeichnis

I Drei Urriesen-Traumreisen

Vor ca. 10 Jahren habe ich ein Buch über den Urriesen Ymir aus der germanischen Mythologie geschrieben und ihn auch mit anderen indogermanischen Urriesen und „ersten Menschen" verglichen sowie mit den entsprechenden Gestalten aus Asien und Amerika. Dadurch ist mir vor allem der Urriese als Verkörperung einer als lebendiges Wesen gedachten Erde sehr nahe gekommen und ich habe die Erde seitdem oft als lebendiges Wesen wahrgenommen.

Zu diesem Erlebnis hat unter anderem eine Traumreise geführt, die im Folgenden noch einmal angeführt wird.

Vor zwei Wochen bin ich dann noch einmal an einer völlig unerwarteten Stelle auf den Urriesen gestoßen, der mir sein Wesen als das „Urbild des heilen Urmenschen" deutlich gemacht hat.

Zu diesem Erlebnis bin ich gekommen, als ich für mein Buch „Die Biographie des Teufels" eine Traumreise zu Christus und dem Teufel unternommen habe.

Als ich gestern einer alten Freundin von dem Urriesen-Buch erzählt habe, an dem ich gerade schreibe, hat sie mir eine Urriesen-Vision erzählt, die sie mit 5 Jahren gehabt hat.

Diese beiden Traumreisen, die ich erlebt habe, haben mich dazu bewogen, mir die Mythologie und das Wesen des Urriesen, des Urmenschen und des Ideals des heilen und vollkommenen Menschen, die alle drei eng miteinander verbunden sind, noch einmal genauer anzusehen. Die Vision meiner Freundin hat mich dann noch einmal darin bestärkt, daß dieses Buch ein sinnvolles Projekt ist.

Meine Christus/Teufel-Traumreise steht auch in Zusammenhang mit meinen Kundalini-Meditationen, durch die ich meine Schattenseiten zumindestens so weit habe auflösen können, daß ich nun das heile Bild eines Menschen zu sehen begonnen habe.

Ich hoffe, daß der Urriese auch für andere Menschen zu einer Inspiration werden kann.

In diesem Buch werden viele Themen angesprochen, die hier jedoch nicht gründlich dargestellt werden können. An diesen Stellen finden sich in den Fußnoten Hinweise auf ausführliche Betrachtungen des betreffenden Themas.

Diese Vielfalt der angesprochenen Themen ließ sich nicht vermeiden – der Urriese ist eben mit allen Dingen verbunden …

I 1. Ymir-Traumreise

Das Folgende ist die Beschreibung einer Traumreise zu Ymir, die ich selber vor ca. 10 Jahren während des Schreibens meines Buches „Der Urriese Ymir" in der Reihe „Die Götter der Germanen" unternommen habe.

- - -

Ich denke darüber nach, ob es o.k. ist, einfach nur deshalb eine Traumreise zu Ymir zu machen, weil ich mich gerade mit ihm beschäftige. Ich bin kurzfristig etwas unsicher, aber Neugier auf die Welt, Wissensdrang und Forscherfreude sind schließlich gute Motivationen, etwas zu tun – die Motivation muß ja nicht immer große innere oder äußere Not sein …

Ich lege mich also hin, decke mich mit einer Decke zu und sammle meine Aufmerksamkeit in meinem Inneren.

Ich gehe innerlich über dieselbe Wiese wie vor einigen Jahren, als ich einmal zusammen mit einer Freundin in einer Traumreise nach Asgard gegangen bin, weil wir dort Odin und Freya etwas fragen wollten. Damals fanden wir auf dieser Wiese das Ende der Regenbogenbrücke Bifröst, an der Heimdall stand. So halb erwarte ich, daß ich wieder an diese Regenbogenbrücke kommen werde.

Während ich über die Wiese laufe und halb bei meinen Erinnerungen an diese frühere Reise bin, spüre ich, wie sich die Erde unter meinen Füßen leicht bewegt – ein bißchen so, als würde ich über einen großen aufgeblasenen Ballon oder über ein Wasserbett laufen (nur nicht so wackelig). Es ist, als würde die Erde atmen oder sich leicht im Schlaf bewegen. Und es ist eine deutliche Präsenz unter mir zu spüren. Das habe ich nicht erwartet. Es ist komisch – so als ob ich auf einem Lebewesen gehen würde. Das macht mich irgendwie betroffen. Ich bleibe stehen, weil ich etwas Scheu habe, weitere Schritte auf diesem Lebewesen zu machen.

Ich frage etwas unsicher „Ymir"? und es kommt ein freundliches, sanftes „Ja." zur Antwort. Dieses „Ja" ist eigentlich wie ein Lächeln, das ich sehen und spüren kann und das nur sekundär zu einem Wort geworden ist. Ein sehr warmes und wohlwollendes Lächeln.

Ich weiß nicht so recht, was ich nun eigentlich tun soll, denn ich brauche ja nichts und habe auch keine konkrete Frage und auch kein Problem, für das ich nach einer Lösung suche. So frage ich Ymir: „Möchtest Du mir etwas sagen oder mir etwas zeigen?"

Als Antwort kam: „Setz' Dich hin, entspann' Dich, nimm Erde in Deine Hände, nimm Erde in Deinen Mund, nimm Erde in Deine Ohren, nimm Erde in Deine Nase, spüre die Erde, spüre ..."

Erde in den Mund nehmen? Hm. Ist das nicht unhygienisch? (Nunja, eine seltsame Überlegung in einer Traumreise ...) Aber ich folge seinen Worten und beginne die Erde zu spüren. Ich lege mich auf die Erde und sinke in den Boden ein. Es ist angenehm unter der Erde. Ich schwebe ohne jedes Gewicht und kann mich ohne jede Mühe bewegen und habe zugleich die Festigkeit an meinem Ort, so als ob ich dort stehen oder sitzen würde.

Ich frage Ymir: „Soll ich etwas tun?" – „Schaue, spüre ..." Seine Stimme ist zugleich in mir und überall um mich herum. Ymir ist zugleich etwas in mir und etwas im Außen. Seine Stimme ist sehr sanft und sicher.

Es ist alles durchsichtig hier unter dem Erdboden; ich sehe Fische in einem Korallenriff auf der anderen Seite der Erde, Wurzeln, den Meeresboden, viele Tiere, schemenhaft auch Menschen ...

Mir fällt das 'Landschaftsbewußtsein' ein, daß die Brahmanen und die Druiden beschreiben: die Wahrnehmung dehnt sich auf einen sehr großen Bereich aus und man kann sehen, was in den Häusern und hinter den Bergen vor sich geht, man hört Dinge, die kilometerweit entfernt sind, man weiß, was die Menschen um einen her denken ...

Ich bin mit allem, was ich wahrnehme, verbunden – nicht angebunden, aber durch eine 'Bewußtseinsberührung' in Kontakt mit allem; wenn etwas wichtig für mich werden sollte, wird durch diesen Kontakt eine Resonanz zwischen mir und den betreffenden Dingen entstehen.

Mir geht durch den Kopf, daß ich einmal diesen Zustand als bewußt gewordenes kollektives Unterbewußtsein, also sozusagen als 'kollektives Bewußtsein' beschrieben habe.

Ich schaue und habe noch immer Fragezeichen in mir. Warum bin ich hier? Habe ich etwas, was ich tun muß? Oder gibt es etwas zu klären?

Ymir antwortet auf meine 'Fragezeichen': „Wünsche, wünsche Dir einfach, was Du möchtest ..." Es kommt aber nicht viel in mir an Wünschen empor, einige verschwommene erotische Szenen, ausruhen ... da ist nicht viel ...

Halb von mir und halb von Ymir kommt der Impuls, einen Lichtstrahl von meinem Wurzelchakra zur Erdmitte zu senden und dann von dort diesen Lichtstrahl entlang meinen Drachen, also meinen Anteil an der Erd-Lebenskraft zu mir emporzurufen (eine Meditation, die ich des öfteren mache). Während ich dies tue, wird mir deutlich, das die Glut im Erdinneren Ymirs Wurzelchakra ist – diese Erkenntnis ruft irgendwie etwas Scham in mir hervor ... mein Wurzelchakra an Ymirs Wurzelchakra anschließen? ... aber es fühlt sich richtig an ... es ist ein bißchen so, wie sich von der eigenen Mutter umarmen zu lassen, wenn man ihr eigentlich grollt, aber heimlich doch gerne in den Arm genommen werden würde ...

Als mein Drache ankommt, fließt er durch mein Wurzelchakra in mich hinein, steigt in der Mitte wie der Strahl eines Springbrunnens auf, entfaltet sich über meinem Scheitelchakra zu einer Fontäne, tropft außen rings um mich wieder herab, sammelt sich in meinem Wurzelchakra und steigt erneut auf. Diese Konvektionsströmung zu spüren ist immer wieder ausgesprochen angenehm.

Es kommt ein neuer Impuls – wieder zugleich aus mir und aus Ymir: Ich sende meine Wölfin (mein Krafttier) aus und sage ihr, sie soll die Dinge zu uns holen, die uns guttun, erfreuen, bereichern, Spaß machen, lebendig sind. Dann rufe ich meinen Thuja (meine Kraftpflanze) hinter mich und lege meinen Bergkristall (meinen Kraftstein) vor mich und lasse sie ebenfalls strahlen.

Meine Seele (das, was sich in mir als 'Harry' inkarniert hat) beginnt in meinem Herzen golden zu leuchten und ich fange an zu lächeln – dieses breite „Honigkuchenpferdgrinsen". Eigentlich tue ich gar nichts, ich erinnere mich nur an mich selber – und Ymir hilft mir dabei ... es ist ganz einfach, ohne Mühe ...

Der Yogi Maitrepa hat das vor gut 1.000 Jahren einmal „sich in sich selber hinein entspannen" genannt. Jetzt erlebe ich es – ohne es gewollt zu haben und ohne groß etwas dafür tun zu müssen ...

Ich spüre einen Druck im Nacken an meiner Schädelbasis – den kenne ich gut ... Ich frage Ymir: „Was kann ich da tun? Kannst Du da etwas tun?" Ymir nimmt von seinem Speichel und streicht ihn auf die Stelle. Dann nimmt er von seinem Urin und streicht ihn ebenfalls auf die Stelle.

Ich bin ein bißchen verwirrt und leicht unangenehm berührt – Ymirs Urin auf meinem Nacken? Hm. Ich frage ihn: „Warum hast Du das gemacht?" – „Das ist das Ja und das Nein." Eigentlich verstehe ich ihn nicht, aber zugleich verstehe ich, daß er recht hat und daß das genau das Richtige ist. Ich kann schon sehen, daß der Speichel das Ja ist und der Urin das Nein, aber warum ich das gerade da brauche, ist mir nicht so recht klar. Nun, ich kann ja später darüber nachdenken ... jetzt ist nicht der richtige Augenblick dafür ...

Ich spüre von meiner Schädelbasis eine leichte Wärme zu meinem Scheitel aufsteigen wie bei der zweiten Stufe der Kundalini-Erweckung (1. Stufe: „elektrischwarmes" Prickeln; 2. Stufe: diffuse Wärme; 3. Stufe: in der Mitte des Körpers gebündelt und langsam aufsteigende Hitze). Sehr angenehm. Oben auf dem Scheitel entsteht ein leichtes Pulsieren. Auch sehr angenehm.

Ich sitze da und grinse vor mich hin. Assoziationen kommen. Ymir ist das kollektive Unterbewußtsein der Menschen ... die Wünsche rufen durch Telepathie das herbei, was sie wünschen ... diese telepathischen Verbindungen sind Ymirs Gedanken ... Ymir hilft mir stets, daß meine Wünsche und meine inneren Bilder genau das im Außen erhalten, was ich mir wünsche und was meine inneren Bilder sind ... das ist Magie ... Ymir ist der große Magier ... eigentlich ist Ymir die Magie selber ... Ymir ist der Mensch in allen Menschen ... Ymir ist der Wohltäter aller Menschen ... er ist der perfekte Spiegel für alle Menschen ... er zeigt durch seine Magie jedem Menschen *in jedem Augenblick das im Außen, was im Inneren dieses Menschen ist ...*

Ist Ymir eigentlich männlich? Hm. In den Mythen schon, aber seine Stimme ist eigentlich nur 'menschlich' und nicht wirklich männlich oder weiblich – und wirk-lich sehr angenehm. Und er fühlt sich eindeutig nach 'Mensch' und nicht nach 'Mann' oder 'Frau' an ... Seltsam, daß ich diese Qualität vorher nicht so klar und präsent hatte – das fühlt sich so normal und irgendwie selbstverständlich an ... und das ist in jedem Menschen ...

Ich frage Ymir: „Was muß ich denn jetzt tun?" – „Nichts ... genießen, wünschen, Du kannst auch einfach zufrieden sein ohne viel zu tun, Du brauchst gar nichts zu machen ..."

Ich gehe halb hinaus über die Erdoberfläche, lasse mich dann aber wieder zurück-gleiten. „Ymir, kann ich immer wieder zu Dir zurückkommen?" – „Das tust Du jede Nacht. Im Traum werden Deine Erlebnisse in Deine Erinnerungen integriert und im Tiefschlaf Deine Erinnerungen und Erlebnisse in Deine Seele. Wenn Du wach hier in mir sein kannst und hier ganz zuhause bist, dann brauchst Du keine Träume mehr und auch keinen Tiefschlaf, dann ist alles an seinem Ort in Dir und Du brauchst nicht mehr zu schlafen." – „Und wenn ich durch meinen Drachen ganz mit Deinem Wur-zelchakra verbunden bin, dann brauche ich nichts mehr zu essen?" – „Ja."

Mein Grinsen ist die ganze Zeit über da und wird in Schüben immer wieder einmal stärker und schwächer – ich bin erfreut, wie lange ich diese Freude 'ertragen' kann ... mein inneres 'Gefäß für die Freude' scheint größer geworden zu sein ... die ersten Male war es nicht leicht, die Intensität dieser Freude auszuhalten ...

Ich frage Ymir: „Es gibt nichts zu tun, nicht wahr? Ich muß nichts tun?" – „Nein, das brauchst Du nicht. Kuschle Dich einfach in das Leben ein ..."

Ich bleibe noch eine ganze Weile dort unten und kehre dann langsam auf die Erd-oberfläche zurück. Irgendwie bleibe ich aber halb dort unten, d.h. eigentlich bin ich gleichzeitig auf der Erde und in der Erde.

- - -

Ein paar Stunden nach der Traumreise kamen mir noch zwei Gedanken zu dem Erlebten:

Der Name „Ymir" bedeutet nicht nur „Zwilling", sondern auch „Zwitter" – und Ymirs Füße zeugen auch miteinander die Riesen. Das paßt gut dazu, daß ich Ymir als Mensch erlebt habe und nicht als Mann oder Frau.

Der andere Gedanke war eigentlich ein Bild: Alle Menschen sind von ihrem Wur-zelchakra aus mit dem Wurzelchakra von Ymir, also mit der Glut in der Erdmitte, ver-bunden – und folglich sind auch die Wurzelchakren aller Menschen indirekt miteinan-der verbunden. Da das Wurzelchakra die Lebenskraft selber ist, leben wir Menschen in gewisser Weise gemeinsam das 'Leben' bzw. sind Teil des Lebens auf der Erde –

und sind Teil von Ymirs Leben.

Auf der Traumreise habe ich, während ich 'in der Erde' war, alles in und auf ihr 'von innen her' wahrgenommen – so als ob die Erde mein Körper, also ich selber Ymir wäre.

Nach dieser Traumreise bin ich einen halben Tag wandern gegangen. Dabei ist in mir immer wieder eine Liebe zur Erde übergeströmt – das war eine solche Fülle im Innen und im Außen, wie ich sie vorher noch nie erlebt habe. Und ich habe die Erde die ganze Wanderung über als ein Lebewesen unter mir empfunden.

- - -

Inzwischen ist seit der Traumreise zu Ymir ein halbes Jahr vergangen und noch immer kommt diese Liebe zur Erde, wenn ich draußen in der Natur bin – da scheint Ymir eine dauerhafte Veränderung in mir bewirkt zu haben.

I 2. Christus/Teufel-Traumreise

Diese Traumreise habe ich im Zusammenhang mit meinem Buch „Die Biographie des Teufels" unternommen.

Ich: *„Hallo Teufel – habe ich aus Deiner Sicht alles erkannt, was für die Schwarze Messe von Bedeutung ist?"*

Teufel: *„Du beschreibst das (in dem betreffenden Kapitel) ziemlich ruhig und sachlich, aber die Gefühl der Menschen bei diesem Thema sind in der Regel ziemlich heftig ..."*

„Hm ... was wäre denn dann ein angemessenerer Umgang mit diesem Thema?"

„Den Lesern zu empfehlen, an einer Schwarzen Messe teilzunehmen?"

„Ich habe gesehen, wie Du gegrinst hast, während Du das gesagt hast! Aber Du hast natürlich ein bißchen recht damit – wenn man das erleben will, sollte man es tun ... und danach hat man eine klarere Meinung dazu ... Ich hatte, als ich vor Jahren mal auf Burg Lockenhaus in Österreich zusammen mit anderen Magiern ein Magie-Seminar gehalten habe, die Möglichkeit, dort an einer Schwarzen Messe teilzunehmen, aber ich habe das abgelehnt – ich habe keinen Sinn darin gesehen, daran teilzunehmen ... ich habe zum Christentum ein recht entspanntes Verhältnis und genauso zu vielen anderen Religionen ... Daher hätte die Teilnahme an einer Schwarzen Messe für mich keinen Nutzen gehabt ..."

„Du hattest vorhin noch eine Idee ..."

„Ja: Christus zu einem Gespräch zu dritt einzuladen ..."

„Und?"

„Ich dachte, das paßt besser zu dem nächsten Kapitel ..."

„Hör doch endlich auf, Dein Buch in den Vordergrund zu stellen – folge stets dem, was am wichtigsten ist! Du hast ja auch schon in diesem Kapitel hier das Prinzip der Heilung einer Polarisierung beschrieben, obwohl das Deinem Konzept nach eher zu dem folgenden Kapitel gehört hätte. ... Also mach schon!"

„Ja, gut ... Du hast ja recht ... ... Ich spüre, daß ich fast noch mehr Hemmungen habe, Christus in diese Traumreise einzuladen, als ich gehabt habe, Dich, Teufel, einzuladen ..."

„Tja – wenn ihr ein angespanntes Verhältnis zum Teufel habt, habt ihr meist auch ein angespanntes Verhältnis zu Christus, wenn ihr Christen seid, oder zu Moses, wenn ihr Juden seid, oder zu Mohammed, wenn der Islam eure Religion ist ..."

„Also gut ... ... Christus – magst Du zu uns kommen in diese Traumreise?"

Christus: *„Ja gerne."*

... ... hm ... die beiden grüßen sich freundlich ... ...

Christus: *„Warum denn auch nicht? ... Wir kennen uns schon lange ... Und für die Feindschaften seid ihr Menschen zuständig ... Es gibt im Bereich der Gottheiten* keine Feindschaften ... Dazu müßte es Abgrenzungen geben ... und die gibt's hier nicht ... "

Ich: „Hm ... das ist jetzt aber eine sehr schlichte und direkte Erklärung ... aber sie entspricht vollständig dem, was ich bisher mit Gottheiten erlebt habe ... ja ... und auch das, was andere mir bisher über ihre Erlebnisse mit Gottheiten erzählt haben ... ... Feindschaften unter Göttern gibt's also nur in unseren Mythen und in unseren Religionen, aber nicht unter den Göttern selber – schau einer an ... ...

Jetzt sollte ich wohl die weisen Fragen stellen, wenn ich jetzt hier schon mit euch beiden zusammen bin ... aber eigentlich ... wenn ich euch da so nebeneinander sehe ... fallen mir eigentlich keine Fragen mehr ein ... Könnt ihr mir etwas dazu sagen? "

... ...

Teufel: „Ja – schau Dir mal Christus an ... fällt Dir irgendwas an seinem Lebenslauf auf ... "

Ich: „Naja, das Krasseste ist die Kreuzigung ... und die Kirche stellt überall diese Kruzifixe, diesen Tod dar ... drastischer kann man die Haltung des Opfers ja eigentlich gar nicht mehr darstellen ... und dann diese Symbolik von Opferlamm und 'Lamm Gottes' und so ... das ist alles nicht allzu kriegerisch und das hat alles nicht allzuviel Biß, ne ... hm ... ... "

Christus: „Ja ... und wenn Du Dir den Teufel anschaust? "

... ...

Ich: „Der ist das Modell des Täters ... der ist böse, der ist aggressiv, der ist heftig emotional ... ... hm – schau einer an ... das habe ich ja noch nie in Kombination betrachtet ... ... Wie sieht denn dann der heile Zustand aus??? ... ... tja ... "

Christus: „Du hast da doch so'n Ritual entwickelt, wie Du zwei polarisierte Bilder wieder miteinander vereinen kannst – so wie Du das in Deinem Ritual zu dem Beziehungs-Mandala machst ... "

Ich: „ Uff! ... Das soll ich jetzt ... mit euch machen? ... ... "

Christus: „Warum denn nicht? "

... ...

Ich: „Uff! ... Das fühlt sich jetzt aber oberheftig an! ... ... Ich soll Christus und den Teufel ineinander auflösen und verwandeln? ... ... ja ... gut ... also ... "

... ...

Ich stelle jetzt hier vor mich einen Würfel ... auf der Oberseite des Würfels ist eine kleine, flache, runde Vertiefung ... und darauf steht jetzt ein großes, gläsernes, halbdurchsichtiges Ei ... so wie die Alchemisten das benutzen, um die beiden Urgegensätze Sulphur und Mercurius miteinander zu vereinen ...

Das Glas-Ei läßt sich öffnen ... und ich bitte jetzt Christus und den Teufel, nun beide in dieses Glas zu gehen, sich da hineinzusetzen ... ... das machen die auch ... ... Christus lacht, weil er mit seinem Heiligenschein oben an das Glas stößt, und der Teufel lacht, weil er offenbar seinen langen Schwanz da noch irgendwie mit

13

hineinkriegen muß, damit man das Glas veschließen kann ... ...

Ehm ... ja ... gut ... also ... ... dieser Würfel mit dem Glas-Ei ist der Athanor der Alchemisten, also der alchemistische Ofen ... da drin wird nichts auf physikalische Art geschweißt oder auf chemische Weise gekocht, sondern etwas auf biologische Weise ausgebrütet ...

Ich rufe jetzt die Kundalini aus der Erdmitte, aus dem Eisen/Nickel-Kern der Erde, der ihr Wurzelchakra ist, empor ... damit das Kundalini-Feuer aufsteigt ... in dieses Glas-Ei hinein ... und das, was in dem Glas-Ei ist ... mit Lebenskraft erfüllt ... mit so viel Lebenskraft, daß sich alle ... erstarrten Formen, alle extremen Formen, alle verzerrten Formen, alle Krämpfe, alle Traumata – das sind ja sozusagen psychische Krämpfe ... wieder auflösen ... damit das, was darin ist, ausgebrütet wird ...

Gut – das mach ich jetzt ... ... ich spreche dafür innerlich das Wort 'Feuer' als Mantra so wie bei meinen Kundalini-Meditationen ... das untere Ende des Eies ist sozusagen sein Wurzelchakra und das obere, spitzere Ende ist das Scheitelchakra von diesem Ei ... ...

Ich sehe eine Bewegung in diesem Ei ... aber erstaunlich wenig ... sehr viel weniger als wenn ich einen normalen Gegensatz auflöse ... da gibt es sonst geradezu einen Kampf der beiden Pole gegeneinander, die sich gegenseitig zerstören und auflösen ... so wird das ja auch in der Alchemie beschrieben ... ...

Hm ... vielleicht mehr Lebenskraft-Feuer? ... mal schauen ... ... gut – jetzt merk ich, da tut sich was ... aber es ist immer noch erstaunlich, wie wenig Bewegung da ist ... das ist geradezu so, als ob Christus und der Teufel beide ... die Auflösung geradezu wünschen würden ...

Wenn man z.B. das eigene verzerrte Männerbild heilt, hat man da z.B. den Süchtigen und den Asketen und die kämpfen heftig miteinander und töten und zerstückeln sich gegenseitig – das ist hier nicht der Fall, da ist kein Kampf ... ...

Es wird auch nicht so dunkel in dem Ei wie ich das sonst kenne, also ... das, was man bei den Alchemisten 'caput corvi', die Rabenkopf-Phase nennt ... wo sich die Gegensätze gegenseitig vollkommen aufgelöst haben ... und sozusagen nur noch schwarzer Kompost übrig ist ... ich mach mal weiter mit der Kundalini ... ...

Jetzt ist die Farbe einheitlich geworden ... ich seh es mal als schwarz und mal als grau ... hm ... eigentlich ist hier schwarz üblich – deshalb heißt es auch 'Rabenkopf' – aber vielleicht seh ich hier grau, weil das die Mitte zwischen dem Weiß von Christus und dem Schwarz des Teufels ist ...

Dann ... rufe ich jetzt das Himmelslicht ... also Bindhu ... das, was man in den indischen Upanishaden 'die Himmelskuh melken' nennt ... dieses gleißend-weiße Licht von oben rufe ich ... in dieses Ei hinein ... also das Kundalini-Feuer aus der Erde strömt von unten her durch das Wurzelchakra des Eies in das Ei hinein, und das weiße Licht vom Himmel durch die Spitze des Eies, also durch das Scheitelchakra des

Eies in das Ei hinein ... das Feuer löst die alten Formen auf und das Licht erinnert das Aufgelöste an die ursprüngliche, heile Form ...

Und während ich das alles erzähle, passiert hier schon ganz viel ... ... hm ... ich höre innerlich den Namen 'Adam Kadmon' ... das ist in der Kabbala der Name für den ursprünglichen, heilen Menschen bzw. für den wieder heil gewordenen Menschen ... für den Erleuchteten sozusagen ... ...

Ich rufe noch mal Licht in das Ei hinein – ich hab das Gefühl, das ist noch nicht ganz fertig ... das Himmelslicht erinnert das, was in dem Ei ist, an seine ursprüngliche, heile Gestalt ... ... hm ... ich kann ahnen, wie sich in diesem Grau ... die sieben Hauptchakren bilden ... das sieht echt wunderschön aus ... ziemlich viel Licht und Farbe und vor allem auch ziemlich viel Kraft ... ... hm ... ...

Da bilden sich so was wie Strahlen von der Mitte des Eies nach außen hin, aber das sind jetzt keine Lichtstrahlen, sondern wie ... ja ... so als würde man auf einem Bild mit einem sehr spitzen Bleistift sehr feine Wellenlinien aus Licht von innen nach außen hin malen ... so wie man das auf manchen Buddha-Bildern in der Aura von Buddha findet ... das kenne ich auch aus manchen Visionen – da tauchen manchmal solche Strahlen im Licht auf ...

Was ist das? ... Da war'n Ton – so irgendwo zwischen Gong und Kesselpauke ... ja, aber irgendwie weicher ... ja, weicher und zugleich komischerweise auch kraftvoller ... So was habe bei diesem Ritual bisher noch nie gehört ... eine magische 'Eieruhr', wenn ich das mal so salopp formulieren darf – ich glaube, das heißt, daß der Inhalt des Eies fertig ist, also ...

Ich: „ *Wenn Du fertig ausgebrütet bist, Inhalt dieses Eies ... dann öffne das Ei.* "

... ...

Ach, da ist jetzt wieder dieser komische Effekt, der manchmal auftritt, wenn ich dieses Ritual mache, daß das Ei einfach wie verschwindet ... das Ei, d.h. die Hülle um den Inhalt, löst sich einfach auf ...

Da ist Nebel, der sich langsam lichtet und da ist eine Gestalt ... das erinnert mich ein bißchen an die Szene aus dem Film 'Age of Ultron', als der Ultron da ganz am Anfang nach seiner Erschaffung aus seiner Kiste herauskam ...

Der steht da jetzt ... diese Gestalt, meine ich ... das ist hauptsächlich 'ne Präsenz ... also da ist wie ein Bewußtsein da ... ich kann die Chakren wahrnehmen ... ich weiß, daß das ein Mensch ist, und das ist ... der Urmensch, der Urriese ja ... den gibt's bei den Germanen als Ymir ... bei den Persern als Yima ... bei den Indern als Yama ... bei den Juden als Adam ... bei den Ägyptern als Atum ... das ist alles dasselbe Urwort ... also nostratisch, d.h. jungsteinzeitlich-mesopotamisch 'Erdom', d.h. 'Erdmensch', 'Erdling' ... das ist auch der chinesische Pan Gu, der Urriese ...

Ich: „ *Das heißt ... das ist das Urbild des heilen Menschen?* "

Urmensch: „ *Ja.* "

... ...

„Kann ich Dich mit einem Namen ansprechen?"

„Nimm 'Pan Gu' ... den kennen bei euch die wenigsten – deshalb ist er recht neutral ... und er ist auch in der chinesischen Mythologie einigermaßen neutral ... d.h. er ist nicht polarisiert ... außer in Yin und Yang – aber das ist eine andere Polarisierung, das ist Diesseits und Jenseits, Körper und Seele ..."

„Hm ... ... wenn Du das Urbild des heilen Menschen bist ... dann scheint mir, daß es sinnvoll wäre, wenn ich mich mit Dir verbinde, wenn ich mich Dir nähere, wenn Du in mich hineinkommst ... ..."

„Ja ... genau das ist es ... als Urbild bin ich der Ursprung ... Deines Bildes ... ich bin der Ursprung dessen, was ein Mensch ist ... ich bin der Ursprung des Menschenbildes ..."

„Hm ... das ist noch mal eine andere Art der Orientierung als wenn ich meine Seele finde und dann herausfinde, ja, von welchem Meer einer Gottheit meine Seele sozusagen ein Tropfen ist ... und diese Gottheit ist wieder ein Aspekt der Einheit von Kether ... aber Du bist irgendwie noch anders ... Du zeigst mir nicht, was an mir als Mensch das Besondere ist – Du zeigst mir, was an mir als Mensch das Allgemeine ist ... und zwar das heile Allgemeine ... hm – ich bin bisher noch gar nicht auf die Idee gekommen, nach sowas auch nur zu suchen ...

Kannst Du mir sagen, Pan Gu, wann und auf welche Weise für mich die Verbindung mit Dir am sinnvollsten ist?"

„Komm einfach her zu mir – wir werden einfach eins. ... Ich bin natürlich viel größer als Du, weil ich das Urbild aller Menschen bin ... aber wir zwei werden trotzdem eins."

„Ja, gut, Gottheiten können ja bekanntlich an vielen Orten gleichzeitig sein ... dann kann ich mich ja auch mit Dir vereinen ... und Du bist gleichzeitig auch noch an sieben Milliarden anderen Stellen – also bei allen anderen Menschen ... wenn die Menschen Dich sehen ... gut ...

Du kommst immer näher ... ich sehe Dich immer näher vor mir ... wobei ich Dich jetzt wie so'n schwaches Lichtschemen sehe und da drin sehe ich immer noch die sieben Hauptchakren, die da farbig ... hm ... leuchten? ... glitzern? ... ja, es ist so etwas wie so'n 'weiches Glitzern' ... ja, wobei ich anfange, auch die Nebenchakren in den Händen, den Füßen, den Knien zu sehen und so ... und die ganzen Nadis ... die Akupunkturlinien und so, also ... ich sehe sozusagen den Lebenskraftkörper ... den hab ich so ja noch nie gesehen ..."

„Komm her."

... ...

Ich gehe in ihn hinein ... ja, in dieses leicht glitzernde Licht-Schemen mit den farbig leuchtenden Chakren ... ...

Jedes Chakra von Pan Gu rückt an die Stelle, wo bei mir das entsprechende Chakra ist ... und dann ist das, als würde ... ja, ich würde jetzt sagen, als würde da was einrasten, aber das ist nicht mechanisch, sondern organisch ... da fügt sich was zusammen ... verbindet sich ...

Puh! ... Das fühlt sich gut an! ... ... das ist gar nicht so spektakulär, aber es ist ... weit ... aufrichtig, aufrecht ... dicht ... heil ... organisch, plastisch ... elegant ... schön ... hm ... alles Qualitäten der Mitte ... es ist auch 'ne Kraft da, aber die ist ... ja, wie ist die denn? ... gelassen-elastisch ... ja, so könnte man es nennen ...

Ich spüre mein Drittes Auge – da ist dieser leicht pulsierende Druck ... ...

„Ist da ... noch was zu tun?" ...

„Nein ... einfach sein ..."

„Ja, gut ... ehm ... vielen Dank!"

Es kommt ... ja, wie soll ich das jetzt sagen? ... von Pan Gu, aber das heißt ja, auch aus mir selber heraus Fülle, Kraft und Lächeln ... so 'ne Selbstliebe, Wärme, so'n Erfülltsein ...

Ich muß lachen – einfach weil sich das so gut anfühlt ... ...

„Oh – tut das gut! ... Tut das gut! ... Vielen, vielen Dank! ... ... Ho!"

17

I 3. Vision des Urriesen

Eine alte Freundin von mir, als ich ihr von dem Buch erzählt habe, an dem ich gerade schreibe, von einem Erlebnis erzählt, das sie mit 5 Jahren gehabt hat:

Ich habe auf einmal gesehen, wie ich zum einen in das immer Kleinere und gleichzeitig zum anderen ins immer Größere gekommen bin: Vom Körper in die Organe, in die Atome – es gab immer in jeder Welt eine noch kleinere Welt und eine noch kleinere und eine noch kleinere – und genauso gab es die Erde und eine größere Welt, in der die Erde ein Teil war, und eine noch größere, umfassendere Welt, und eine noch größere, und eine noch größere ...

Das war so heftig, daß ich fast ohnmächtig geworden bin. Und auf einmal traf sich das ganz, ganz Kleine mit dem ganz ganz Großen – und beides war dasselbe. Als sich beides traf, gab es einen großen Knall und ich dachte, daß ich sterbe.

Da habe ich gesehen, das dieses Groß-Kleine ein riesiger Mensch war, der alles umfaßte, was es gab – und die Erde war sein Herz, ein kleines Atom in seinem Herzen.

Der Gegensatz „klein – groß" ist zwar ein „heiler, natürlicher" Gegensatz und kein „kranker, polarisierter" Gegensatz wie der Gegensatz „Täter – Opfer" bei Christus und dem Teufel, oder wie „Süchtiger – Asket" oder „Star – Fan", aber es ist erstaunlich, daß beide Wahrnehmungen des Urriesen von einem Gegensatz ausgegangen sind.

Der Gegensatz „groß – klein" entspricht der heutigen physikalisch-astronomischen Kosmologie: Im ganz Kleinen gelangt man schließlich unterhalb der Planck-Ebene zur Raumzeit und auch im ganz Großen gelangt man schließlich in der Form des Urknalls wieder zur Raumzeit.

II Der Urriese in der Mythologie

Der Urriese erscheint in den Mythen in mehreren Gestalten und in Zusammenhang mit verschiedenen anderen Themen. Diese sind:

1. Die Erde als Mensch
2. Der erste Mensch
3. Der erste Riese
4. Leib und Seele
5. Die Erschaffung der Erde aus dem Urriesen
6. Der Mensch als Erde – die Erde als Mensch
7. Der Erdgott
8. Der Urmensch als Jenseitsgott
9. Der Urmensch als Urkönig
10. Der Urriese als Sonnengott-Göttervater
11. Die Urgöttin
12. Der Bauch der Urgöttin
13. Das Urwasser
14. Die Urinsel
15. Die Erde als Wassertier
16. Die Himmelssäule
17. Die Entstehung des Urriesen
18. Analogie und Megalisierung
19. Die Grundstruktur der Welt
20. Der Urmensch als Ideal
21. Mann oder Frau?

Diese 21 Themen werden im folgenden in dieser Reihenfolge betrachtet. Anschließend wird dann daraus die „Biographie" des Urriesen rekonstruiert.

Diese Biographie ist natürlich nicht die absolute 'Wahrheit' über den Urriesen, sondern eben seine bisherige Geschichte, d.h. die Vorstellungen der Menschen über ihn. Diese Vorstellungen haben die Weltsicht der Menschen in den jeweiligen Epochen dargestellt – daher hat sich auch das Bild der Menschen, das sie über den Urriesen gemacht haben, ständig weiterentwickelt.

Um die heutige Bedeutung des Urriesen zu erfassen, ist es notwendig, ihn in das heutige Weltbild zu stellen, Traumreisen zu ihm zu unternehmen und vor allem ihn in Meditationen, in der Magie, in Heilungen usw. zu nutzen. Die Bedeutung des Bildes des Urriesen bemißt sich letztlich daran, wie sehr er in diesen Bereichen helfen kann, d.h. wie sehr er das Erreichen der Ziele der Menschen erleichtern kann.

II 1. Die Erde als Mensch

Die Auffassung der Erde als eines Menschen ist eine sehr einfache, urtümliche und anthropozentrische Vorstellung. Sie ist u.a. auch die Wurzel des Erdgottes – die Erdgöttin hat sich hingegen aus der Jenseitsgöttin unter der Erde entwickelt.

Der Erd-Urriese wird in de Regel als das Erste Lebewesen angesehen – erst muß die Erde da sein, dann können Menschen auf ihr sein.

Weiterhin werden die Menschen oft als die Nachkommen des Urriesen angesehen, woraus sich ergibt, daß es zwischen dem Urriesen und den Menschen das Geschlecht der Riesen gegeben haben muß – die Nachkommen des Urriesen sind allmählich kleiner geworden. In den etwas differenzierteren Stammbäumen folgen auf den Urriesen und die Riesen noch die Götter, deren Nachkommen dann die Menschen sind.

Ein weiteres Motiv ist die Zerstückelung des Urriesen bei der Erschaffung der Welt – das ältere Bild wird vermutlich die Erde als lebender Urriese sein, während die technisch-handwerkliche Herstellung der Welt aus den Teilen des Urriesen das jüngere Motiv sein wird.

Weiterhin wird der Urriese bei den nostratischen Völkern auch als Zwilling aufgefaßt: als Leib und Seele. Die nostratischen Völker sind die Nachkommen der frühen Bauern in Mesopotamien, d.h. in Ägypten, Mesopotamien, Europa, Südrußland, Pakistan, Indien und in der westlichen Gobi.

II 1. a) Der Name „Erdling"

Der Name des Urriesen ist im nostratischen Bereich „Erd-Mann", „Erd-Mensch" oder „Erdling" gewesen.

Die Völker in dem eben genannten Bereich haben einen gemeinsamen Namen für den Urriesen; die Völker weiter im Osten wie z.B. die Chinesen haben einen anderen Namen – in China z.B. „Pan Gu". Während die nostratischen Völker alle auf die Sprache zurückgehen, die die Erbauer der ersten Tempel in Göbekli Tepe in Nordmesopotamien im 10.000 v.Chr. gesprochen haben, ist die chinesische Sprache ein anderer Zweig des Sprachen-Stammbaums, der sich um spätestens 15.000 v.Chr. von dem nostratischen Sprach-Zweig getrennt hat.

Die Vorstellungen über den Urriesen sind jedoch bei den nostratischen Völkern und in China dieselben, was bedeutet, daß die Vorstellungen über den Urriesen bis mindestens in die späte Altsteinzeit (50.000-10.000 v.Chr.) zurückreichen.

Die späte Altsteinzeit hat begonnen, als der Homo sapiens von Afrika aus Eurasien erreicht hat und dort auf den Neandertaler und den Homo erectus getroffen ist. Dieser erste internationale Kulturaustausch, der durch dieses Zusammentreffen stattgefunden hat, hat u.a. die Höhlenmalerei, die Mutterstatuetten, die Totempfähle sowie die Flöten, Harfen und Trommeln entstehen lassen. Die Schwitzhütten, die Tiersymbolik und einen religiösen Kult sowie Bestattungen hat es jedoch auch schon vor 350.000 Jahren bei dem Homo erectus, aus dem sich in Afrika der Homo sapiens und in Europa der Neandertaler entwickelt hat, gegeben.

Das Motiv des Urriesen als „Erd-Mann" ist spätestens um 15.000 v.Chr. entstanden, vermutlich jedoch schon früher. Es ist die „Kultursynthese" vor 50.000 Jahren als Entstehungszeitpunkt denkbar, aber es sind auch noch frühere Zeiten möglich – wofür es jedoch keine Hinweise gibt, aus denen man dies sicher schließen könnte.

In der folgenden Tabelle sind die Namen für den Urriesen bei den nostratischen Völkern zu sehen:

Der Ursprung des Namens des Urriesen			
Nostratisch 10.000 v.Chr.	**Entwicklung zwischen 10.000 v.Chr. und 3.000 v.Chr.**	**Entwicklung ab 3.000 v.Chr.**	
dug-mänu	*Norden:* dug-man => du-man => du-ma => uma	*Indo-germanen:* Yemo	*Germanen:* Ymir
			Römer: homo/humus
			Inder: Yama
			Perser: Yima
	Süden: dag-man => da-man => da-ma => ada-ma	*Ägypter:* Atum	
		Juden: Adam	

II 1. b) Ymir

Bei den Germanen ist Ymir das zweite Wesen, das erschaffen wurde – das erste ist die (unerschaffene) Kuh Audhumla, die die Gestalt des Urriesen aus dem Eis geleckt hat. Audhumla ist mit den vielen Kuh-Müttergöttinnen wie Hathor oder Inanna oder den heiligen Kühen in Indien identisch. Sie erscheint auch schon in den Höhlenmalereien als Kuh/Frau-Mischgestalt oder als Frau mit einem Kuhhorn in der Hand.

In der germanischen Mythologie ist Ymir der Urahn der Riesen, der Götter und der Menschen. Von dem Stammbaum, der diese Abstammung beschreibt, gibt es verschiedene Varianten.

II 1. c) Homo/Humus

Bei den Römern ist der Urriese selber zwar nicht mehr wiederzufinden, aber das nostratische Wort hat sich sowohl in der Bezeichnung „homo" für „Mann, Mensch" als auch in der Bezeichnung „humus" für „Erde" erhalten. Der „Erd-Mann" genannte Urriese ist bei den Römern in seine beiden Komponenten zerfallen.

II 1. d) Yama

Bei den Indern ist der Urriese zu dem Totengott in der Unterwelt geworden. Da die Erde ursprünglich der Urriese gewesen ist, war es kein großer Schritt, den Namen des Urriesen auf den Gott in der Erde, also auf den Totengott zu übertragen.

Im Rig Veda, dem ältesten Buch der Inder, hat Yama noch Charakterzüge eines Menschen-Erschaffers und eines hilfsbereiten Kulturbringers – was eine Erinnerung an den Urriesen als den Urahn aller Menschen sein wird.

II 1. e) Yima

Yima ist in der persischen Religion der erste König der Menschen und mehr oder weniger ausdrücklich auch der erste Mensch.

Zu seiner Regierungszeit waren die Menschen noch unsterblich, was jedoch recht schnell zu einer Überbevölkerung geführt hat. Dieses Problem wurde durch die Einführung der Sterblichkeit gelöst. Dieses Motiv ist offensichtlich eng mit der Auffassung des Yama als Totengott bei den Indern verwandt. Die Perser sind die nächsten Verwandten der Inder.

II 1. f) Purusha

Purusha („Mann, Mensch") ist in der indischen Mythologie ein tausendköpfiger Riese mit tausend Füßen. Als er auf der Erde gelegen hat, hat er die gesamte Erde bedeckt und war sogar noch ein Stück größer. Aus ihm ist die ganze Welt entstanden. Daher wird er ursprünglich der Urriese, der heißt der „Erd-Mann" selber gewesen sein.

II 1. g) Atum

Der Gott Atum ist in der altägyptischen Mythologie zugleich der Erste Gott, der Erste Mensch, der Erste König und die Urinsel, also die Erde. Er war auch ein Gott der Wiedergeburt im Jenseits und daher auch der Richter im Totenreich. Darin gleicht er vollständig dem indogermanischen Bild des Urriesen.

II 1. h) Adam

Adam ist der erste Mensch/Mann und wurde aus Lehm erschaffen – er ist also auch ein „Erd-Mann" – wenn auch auf eine etwas andere Weise als der Urriese.

Zusammenfassung: Der „Erd-Mann"

Bei den nostratischen Völkern ist der „Erd-Mann" das Urwesen, der erste Mensch, der Urriese, der erste König und der Totengott.
Das zentrale, ursprüngliche Motiv ist die Erde als ein riesiger Mensch gewesen – als der erste Mensch.

II 2.   Der erste Mensch

Der „Erd-Mann"-Urriese ist das erste erschaffene Wesen und folglich auch der Urahn der Menschen – somit ist der „Erd-Mann" auch der erste Mensch.

Es gibt in den meisten Mythen einen ersten Menschen (stets ein Mann) bzw. ein erstes Menschenpaar. Während das erste Menschenpaar wie in der Bibel Adam und Eva und bei den Germanen Ask und Embla vermutlich einfach beschreiben soll, wie die Menschen insgesamt entstanden sind, wird das Bild eines einzelnen ersten Menschen, der immer ein Mann ist, wahrscheinlich auf den Urriesen zurückgehen.

II 2. a)   Ymir

Der germanische Ymir ist der Urahn der Riesen, der Götter und der Menschen. In diesem Stammbaum erscheinen die ersten Kinder des Ymir als Riesen: Da Ymir als Urriese so groß wie ganze Welt ist, müssen seine Kinder als 'Wesen in der Welt' sozusagen „kleine Riesen" sein. Deren Nachkommen sind die Götter, die zusammen mit den Riesen wiederum die Vorfahren der Menschen sind.

Diese Riesen sind ein indogermanisches Motiv, das sich u.a. auch bei den Kelten als die Fomori und bei den Griechen als die Titanen findet.

Ymir hat die ersten Götter bzw. Menschen dadurch erschaffen, daß er seine Schenkel aneinander gerieben hat – er hatte sozusagen Sex mit sich selber.

II 2. b)   Mannus

Der Name des germanischen Gottes Mannus bedeutet „Mann". Er wurde als Sohn des Urgottes und Göttervaters Tuisto angesehen. Aufgrund seines Namens ist es recht wahrscheinlich, daß er auch der erste Mensch gewesen ist.

II 2. c)   Yama

Der indische Totengott Yama ist vermutlich einst auch der erste Mensch gewesen, da er ein Kulturbringer und ein Helfer der Menschen ist – und als Totengott muß er spätestens dann entstanden sein, als der erste Mensch gestorben ist. Yama könnte also der erste Mensch nach seinem Tod in der Unterwelt sein – sozusagen der Jenseits-Aspekt des ersten Menschen.

II 2. d) Purusha

Es ist nicht ganz sicher, ob der Urriese Purusha in der indischen Mythologie auch als erster Mensch aufgefaßt worden ist. Da dieser Urriese die Gestalt eines Menschen gehabt hat, wird er jedoch vermutlich einst auch der erste Mensch gewesen sein.

II 2. e) Yima

Der persische Yima ist der erste König, aber da er am Anfang der Zeiten entstanden ist, die Gestalt eines Menschen hatte und über die Menschen geherrscht hat, wird er recht sicher auch der erste Mensch gewesen sein – auch wenn dies bei ihm nicht besonders betont wird. Vielleicht ist man auch davon ausgegangen, daß der erste Mensch automatisch auch der erste König gewesen sein muß …

II 2. f) Atum

Der ägyptische Atum ist die Erde selber, aber nicht der erste Mensch. Er hat durch Onanie und Verschlucken seines Samens jedoch die Götter geboren. Somit ist er zumindestens der Ahnherr der Götter – und vermutlich auch der Urahn der Menschen.

II 2. g) Adam

Adam ist der erste Mensch – er wurde von Gott aus Lehm geformt. Hier ist das Motiv des „Erd-Mannes" noch deutlich erkennbar.
Das Problem, daß der zweite Mensch, wenn es nur einen einzigen ersten Menschen gibt, nicht durch eine normale Zeugung und Geburt entstanden sein kann, haben die Juden dadurch gelöst, daß sie Eva aus einer Rippe des Adam entstehen ließen.

II 1. h) Chnum

Bei den Ägyptern werden die beiden ersten Menschen meistens aus Lehm er schaffen. In den meisten Fällen ist es der Widdergott Chnum gewesen, der die

Menschen auf seiner Töpferscheibe formt. Auch hier ist das Motiv des „Erd-Mannes" noch deutlich erkennbar.

II 1. i) Enki

Wie der ägyptische Chnum und der biblische Jahwe erschuf der sumerische Gott Enki die Menschen aus Lehm.

> ### Zusammenfassung: Der erste Mensch
>
> Der Urriese ist oft auch der erste Mensch. Manchmal wird der erste Mensch oder die beiden ersten Menschen auch von einem Gott aus Lehm erschaffen – auch der erste Mensch bzw. das erste Menschenpaar sind somit „Erd-Menschen", also „Menschen aus Erde".
> Wenn die Menschen oder Götter direkt aus dem Urriesen entstanden sind, ist dies durch eine Form der Selbstbefruchtung geschehen.

II 3.   Der erste Riese

Der Urriese ist auch der erste Riese, dessen Nachkommen die Riesen sind. Da der Urriese die Welt selber ist, aber seine Nachkommen lediglich „Riesen in der Welt" sind, müssen sie deutlich kleiner sein als der Urriese – aber immer noch deutlich größer als die Götter und die Menschen, deren Ahnen die Riesen sind.

Das Motiv der Riesen als den Kindern des Urriesen ist nicht nur von den Indogermanen (Kelten, Germanen, Griechen, Inder u.s.), sondern auch von den Azteken bekannt. Vermutlich sind dies jedoch zwei Parallelbildungen, die sich aus der inneren Logik der Entwicklung der Menschen aus dem Urriesen ergeben haben.

II 3. a)   Ymir

Ymir bei den Germanen wird ganz deutlich als Urriese und daher auch als Erster Riese dargestellt.

II 3. b)   Purusha

Purusha ist ein tausendköpfiger Riese mit tausend Füßen. Als er auf der Erde gelegen hat, hat er die gesamte Erde bedeckt und war sogar noch ein Stück größer. Aus ihm ist die ganze Welt entstanden. Purusha wird also ursprünglich der Urriese und somit die Erde selber gewesen sein.

II 3. c)   Atum

Der ägyptische Urgott Atum wurde als die Erde aufgefaßt. Er ist zwar kein Riese, aber ein riesenhafter Gott und kann somit (rein technisch gesehen) als Urriese angesehen werden.

II 3. d) Pan Gu

Das Erste Lebewesen in den chinesischen Mythen ist der Urriese Pan Gu. Vor ihm existierte nur das Wasser der Urgöttin. In den Urwassern, d.h. in der Urgöttin bzw. in dem Fruchtwasser im Bauch dieser Urgöttin schwamm am Anfang der Zeit nur das Ei des Tao, das in sich die beiden Gegensatz-Ergänzungen Yang (Diesseits, Körper) und Yin (Jenseits, Seele/Bewußtsein) enthielt. Als Yin und Yang aufeinandertrafen, entstand Pan Gu.

Er wuchs 18.000 Jahre lang jeden Tag 3m und wurde dadurch nach und nach zur Himmelssäule, die Himmel (Yang) und Erde (Yin) trennte, die während dieser Zeit ebenfalls täglich 3m wuchsen. Falls die Chinesen von einem gleichmäßigen Wachstum in Länge und Breite ausgegangen sein sollten, ergibt sich daraus eine Erdoberfläche mit einer Seitenlänge von 18.000 (Jahren) · 365 (Tage) · 3m = 389.000km². Dies liegt erstaunlich nah an der tatsächlichen Größe der Erdoberfläche von 506.000km².

Bei diesem Wachstum der Welt halfen vier Tiere in den vier Himmelsrichtungen dem Pan Gu dabei, den Himmel stabil zu halten: eine Schildkröte, ein Qilin (Giraffe), ein Phönix (Kranich) und ein Drache. Diese vier Tiere entsprechen u.a. den vier tier- und menschenköpfigen Horussöhnen bei den Ägyptern sowie den vier Zwergen bei den Germanen, die ebenfalls in den vier Himmelsrichtungen den Himmel stützen.

Zusammenfassung: Der Urriese

Der „Erd-Mann" wird nicht immer ausdrücklich als „Riese" bezeichnet, aber in den Fällen, in denen er als die gesamte Erde aufgefaßt wird, ergibt sich automatisch eine riesenhafte Größe des Urriesen, Urgottes oder Urmenschen.

II 4.   Leib und Seele

Bei dem „Erd-Mann" findet sich des öfteren eine deutliche Unterscheidung zwischen Seele/Geist/Bewußtsein und Körper. Diese Unterscheidung läßt sich bis in die späte Altsteinzeit zurückverfolgen.

Diese beiden werden auch als „Zwillinge" oder als das erste Mann/Frau-Paar aufgefaßt und auch als „Zwilling" bzw. „Zwillinge" bezeichnet. Genau genommen bedeutet das betreffende Wort „Zweifacher", womit neben „Zwilling" auch „Zwitter", also „Mann-Frau" gemeint sein kann.

II 4. a)   Vogel-Stab und Totempfahl

Bei einem Nahtod erlebt man, daß das Bewußtsein und mit ihm zusammen die Wahrnehmungsfähigkeit den eigenen Körper verläßt und über dem eigenen Körper schwebt und dann zu beliebigen Orte „fliegen" und dort alles wahrnehmen kann. Dieses Erlebnis wurde in der späten Altsteinzeit (und vermutlich schon viel früher) als „Vogel", d.h. „wie ein Vogel sein" beschrieben. Aus diesem Vergleich ist das weltweit verbreitete Motiv des Seelenvogels entstanden, das in vielen Varianten auftritt: als Vogel, als Vogel mit Menschenkopf, als Mensch mit Vogelkopf, als Mensch mit Flügeln (Engel), als Mensch mit Vogelkrallen-Füßen, als Mensch im Feder-Gewand, als Mensch mit Federkrone usw.

Schon in den altsteinzeitlichen Höhlenbildern ist in einer Szene des Todes oder Beinahe-Todes eines Jägers ein Vogel auf einem Stab abgebildet worden: die Seele (Vogel) beim Fliegen (auf einem Stab), d.h. bei der Astralreise.

Aus dem Stab hat sich in der späten Altsteinzeit der Baumstamm mit dem Vogel auf ihm, d.h. der Totempfahl entwickelt. Der Stamm ist der Leib des Menschen und der Vogel ist seine Seele. Der Vogel-Stab und der Totempfahl sind das erste religiöse Credo, das archäologisch faßbar ist: *„Der Mensch hat eine Seele."* Das bedeutet, daß der Mensch mehr als nur sein Leib ist.

Zu Beginn der Jungsteinzeit um 10.000 v.Chr. hat es bereits eine differenzierte Tradition von Totempfählen mit verschiedenen Motiven, d.h. mit verschiedenen Aspekten des Grundmotivs „Leib und Seele" gegeben. Bislang ist die „zweifache Göttin mit Seelenvögeln" und die „Anrufung der Kraft der Ahnen" bekannt. Dazu kommen noch die Pfeiler aus den damaligen Tempeln, die ähnliche Themen dargestellt haben.

Diese steinernen Totempfähle mit verschiedenen Themen aus dem Beginn der Jungsteinzeit zeigen, daß es zuvor in der späten Altsteinzeit schon eine längere Tradition von hölzernen Totempfählen gegeben haben muß, die sich allmählich differenziert haben.

II 4. b)   Die zweifache Göttin

In den Malereien, Gravuren und Statuetten der späten Altsteinzeit, also aus der Zeit von vor 50.000 Jahren bis vor 12.000 Jahren, finden sich zum einen eine doppelt dargestellte Frau (wie bei einer Skatkarte) und zum anderen eine Frau mit einem erhobenen Arm und einem nach unten weisenden Arm.

Beide Symboliken werden auf das Diesseits und das Jenseits hinweisen und somit auch auf Leib und Seele.

Damals hat es auch schon das Motiv der Wiedergeburt der Seele im Jenseits gegeben – die Ankunft des Menschen im Jenseits wurde als Analogie zu der Ankunft des Menschen im Diesseits aufgefaßt. Daher ist anzunehmen, daß diese „zweifache Frau" die Mutter der Menschen im Diesseits und die Mutter der Menschen im Jenseits sein wird, d.h. die Mutter der Seele und die Mutter des Körpers.

II 4. c)   Göbekli Tepe

In Göbekli Tepe findet sich sowohl die Frau mit einem erhobenen und einem gesenkten Arm als auch ein steinerner Totempfahl, auf dem zwei Frauenköpfe dargestellt worden sind, die in zwei entgegengesetzte Richtungen blicken.

Der „Pfeiler mit zwei Frauengesichtern" findet sich in derselben Form auch noch 7000 Jahre später in der ägyptischen Kultur als „Hathorsäule".

Im Verlauf der Jungsteinzeit in Mesopotamien (10.000-3.000 v.Chr.) hat es viele Varianten der Doppel-Göttin gegeben wie z.B. Ritual-Krüge mit zwei Frauenköpfen oder Statuetten mit zwei Frauenoberkörpern.

Am deutlichsten findet sich der „Zwilling" in den Tempeln von Göbekli Tepe als die beiden hohen Mittelpfeiler in der Mitte der Tempel. Sie stellen recht wahrscheinlich den Leib und die Seele dar – sekundär evtl. auch den Jäger und den Schamanen.

Vermutlich sind diese beiden Mittelpfeiler nicht nur das Bild für einen bestimmten, ganz konkreten Toten gewesen, sondern das Urbild für „Leib und Seele". Als Urbild könnten diese beiden Pfeiler somit auch den Urriesen und seine Seele dargestellt haben.

II 4. d)   Korngott und Wildnisgott

Da die Wildnis in den Mythen als das „Fremde" sehr oft eine Umschreibung und ein Gleichnis für das ebenfalls „fremde" Jenseits ist, entspricht das Paar „Kulturgott und Wildnisgott" dem Paar „Diesseitsgott und Jenseitsgott". Dieser Kulturgott ist in der Regel auch der Korngott.

Diese Symbolik wird nicht allzulange nach der Erfindung des Ackerbaus und der Viehzucht um 8500 v.Chr. entstanden sein.

II 4. e)   Ullikummi und Upelluri

In den Mythen der Hethiter wird berichtet, daß auf dem Meeresboden, d.h. in der Unterwelt der Urriese Upelluri liegt. Sein Name, der aus der (nicht-indogermanischen) hurritischen Sprache stammt, bedeutet „träumender Gott". Upelluri ist wie der indische Yama ein Gott der Unterwelt bzw. ein Gott in der Unterwelt. Diesen Gott haben die indogermanischen Hethiter von den nicht-indogermanischen Hurritern übernommen, aber die Ähnlichkeit mit den Ymir-Mythen zeigt, daß sich die hurritischen Vorstellungen über Upelluri wohl recht mühelos mit den entsprechenden Vorstellungen über den Urriesen in den Mythen der Hethiter verbunden haben werden.

In den hurritischen und hethitischen Mythen erscheint noch ein zweiter ähnlich großer Riese wie Upelluri, der den hurritischen Namen Ullikummi trug, was „Steinsäule" bedeutet. Ullikummi wurde von dem hurritischen Götterkönig Kumarbi dadurch erschaffen, daß er sich mit einem Felsen vereinte, der vermutlich die Erdgöttin darstellte. Diesen Felsen stellte er dann auf den Urriesen Upelluri, der im Meer lag. Upelluri wuchs und wuchs bis er schließlich den Himmel berührte. Da zerschlug der sumerische Unterweltsgott Enki, den die Hethiter ebenfalls in ihr Pantheon aufgenommen hatten, die Knöchel des Ullikummi, sodaß er ins Meer hinabstürzte.

Diese beiden Urriesen werden recht sicher auf die beiden Mittelpfeiler in den Tempeln von Göbekli Tepe zurückgehen – zumal die Hurriter und die Hethiter in genau der Gegend gelebt haben, in der auch die Tempel von Göbekli Tepe stehen.

Vermutlich entspricht der Säulengott Ullikummi dem Pfosten des Totempfahls und somit dem Leib, währen der Totengott Upelluri dem Vogel oben auf dem Totempfahl und somit der Seele entsprechen wird.

II 4. f) Das Jenseitstor

Auch bei den Germanen hat sich der „Doppel-Pfeiler" aus den Tempeln von Göbekli Tepe erhalten können – die Indogermanen sind Nachkommen der Erbauer von Göbekli Tepe und die Germanen sind ein Zweig der Indogermanen.

Die germanische Variante dieser zwei Pfeiler sind die „öndvegis-sula", d.h. die „Seelenweg-Säulen". Sie standen am Eingang von Tempeln, hinter dem Thron von Fürsten und an ähnlichen Orten. Sie wurden als das Tor zwischen dem Diesseits und dem Jenseits aufgefaßt – was gut dazu paßt, daß diese beiden Säulen ursprünglich „Leib und Seele" dargestellt haben.

II 4. g) Tuisto

Es gab bei den Germanen eine „Zwillingsgottheit": den Urgott Tuisto, dessen Name „der Doppelte" bedeutet. Dieser Urgott, der in den römischen Berichten über ihn als männlich aufgefaßt worden ist, wurde als „erdgeboren" beschrieben.

Der „Erd-Mann" ist also ein „Zwilling": Er ist sein Leib und seine Seele.

II 4. h) Tvastr

Bei den Indern findet sich ein Schöpfergott mit dem Namen Tvastr, der mit dem germanischen Tuisto identisch ist – beide Namen bedeuten „Zweifacher" oder „Zwilling" („tuis" = „zwei", „Duo").

II 4. i) Yama

Der indische Totengott Yama hatte eine Zwillingsschwester, die „Yami" oder „Yamuna" hieß. Sie ist zugleich die Frau des Yama. Während Yama der Totengott ist, ist Yami die Lebensgöttin.

Hier ist die Symbolik von „Leib und Seele" zu „Leben und Tod", „Diesseits und Jenseits" sowie zu „Mann und Frau" erweitert worden. Zudem hat der Name „Yama" auch die Bedeutung „Zwilling".

Bei Yama und Yami sind folglich alle Zwillings-Symboliken zusammengefaßt worden.

II 4. j) Purusha

Purusha ist das Urbild der Seele und somit das Bewußtsein, während die Göttin Prakriti das Urbild des Körpers ist. Da Purusha als männlich und Prakriti als weiblich angesehen wurde, war Purusha auch ein Teil des ersten Menschenpaares.

Purusha ist auch die Seele bzw. das Bewußtsein der gesamten Welt – der Urmensch ist das Urbild der Gesamtheit aller Menschen.

Wenn der Name des „Purusha" von indogermanisch „puhros" für Weizen abstammen sollte, wäre der indische Urmensch Purusha auch ein Korngott – was jedoch unwahrscheinlich ist, da die Indogermanen kaum Ackerbau, sondern vor allem Viehzucht betrieben haben – oder sollte dieser Name noch aus der regenreichen Zeit von 7000-6000 v.Chr. stammen, als die frühen Indogermanen noch die Felder in der späteren südrussischen Steppe nördlich des Schwarzen Meeres und des Kaspischen Meeres bestellt haben?

II 4. k) Osiris, Seth, Isis und Nephthys

Der ägyptische Korngott/Totengott Osiris hatte einen Zwillingsbruder: Seth, den Gott der Wüste und der Wildnis. Zugleich waren auch Osiris und seine Frau Isis ein Zwillingspaar und ebenso Seth und seine Frau Nephthys. Insgesamt waren diese vier Gottheiten folglich Vierlinge. Osiris war sowohl der König im Diesseits (vor seinem Tod) als auch im Jenseits (nach seinem Tod).

Auch die Muttergöttin erscheint bei den Ägyptern zweifach bzw. als Zwillinge: die zweigesichtige Hathor, die Zwillinge Isis-Nephthys, das Göttinnenpaar Neith-Selket und das Göttinnenpaar Mafdet-Seschat. Diese Göttinnenpaare stellen jeweils das Diesseits und das Jenseits als Ergänzungs-Gegensatz dar.

Die Himmelsgöttin Tefnut und der Luft- und Himmelssäulengott Shu waren ebenfalls Zwillinge. Shu ist eine genaue Entsprechung zu dem hethitischen Upelluri, dem indischen Skambia und dem griechischen Atlas. Der Erdgott Geb und die Himmelsgöttin Nut, die die Eltern des Shu waren, waren ebenfalls Zwillinge. Das Tier und das Namenszeichen des Gottes Geb war die Gans, was ein Hinweis auf den Seelenvogel sein könnte.

II 4. l) Der Jenseitsfährmann

In den altägyptischen Pyramidentexten erscheint der Jenseitsfährmann als ein zwei-gesichtiger Mann – er kann als Schamane sowohl in das Diesseits als auch in das Jenseits blicken. Diese Zweigesichtigkeit entspricht den beiden Gesichtern der Hathor an ihrem Kultsymbol, der Hathorsäule.

Sowohl die Göttin Hathor als auch der Jenseitsfährmann stehen an der Schwelle zwischen Diesseits und Jenseits bzw. sind sich sowohl des Diesseits (Körper) als auch des Jenseits (Seele) bewußt.

II 4. m) Janus

Eine spätere Variante des „zweigesichtigen Schamanen" ist der römische Gott Janus, der der Gott der Schwellen ist. Sekundär ist er auch der Gott des Anfangs, also der „Geburt" einer Sache, und des Endes, also des „Todes" einer Sache. Beides kom-biniert ergibt wieder die Schwelle zwischen Diesseits und Jenseits.

Der bei den Römern sehr beliebte Gott Janus wird also ursprünglich der Schamane gewesen sein – und noch weiter zurück die beiden Pfeiler in den Tempeln von Göbekli Tepe: Leib und Seele.

II 1. n) Adam

Der heute bekannteste Urmensch und Erdling ist sicherlich Adam aus der Bibel. Auch er hat eine „Schwester"-Frau: Eva. Sie bilden ein ebensolches Paar wie in Ägypten Shu und Tefnut und in Indien Yama und Yami.

Auch in der Bibel beginnt die Schöpfung mit der ungetrennten Einheit zwei ver-schiedener Elemente: mit den noch vermischten Elementen Erde und Wasser. Gottes erste Tat war es, diese beiden zu trennen.

Ein ähnliches Brüderpaar wie die ägyptischen Zwillingsbrüder Osiris und Seth sind in der Bibel der Hirte Kain und der Ackerbauer Abel.

Auch Adam wurde von Gott aus Lehm erschaffen – wie die ersten Mebschen in den ägyptischen Mythen durch den Widdergott Chnum.

II 4. o) Sumer

Von ihnen ist das Sternzeichen „Große Zwillinge", das heutige Tierkreiszeichen „Zwillinge", bekannt. Es ist das einzige der 12 Sternbilder auf der Ekliptik, das von den Sumerern als „Groß …" bezeichnet worden ist. Dies läßt vermuten, daß die Zwillinge in ihrer Mythologie in früherer Zeit einmal eine große Rolle gespielt haben müssen.

Ein bekanntes sumerisches Paar, daß zwar aus zwei Freunden und nicht aus Zwillingen bestanden hat, sind König Gilgamesch und der Wildnismensch Enkidu. Sie könnten auf ein Brüderpaar zurückgehen, das die Kultur und die Wildnis repräsentiert hat (so wie in Ägypten Osiris und Seth).

II 4. p) Pan Gu

Das Erste Lebewesen in den chinesischen Mythen ist der Urriese Pan Gu. Vor ihm existierte nur das Wasser der Urgöttin. In diesen Urwassern schwamm am Anfang der Zeit nur das Ei des Tao, das in sich in vollkommenem Gleichgewicht die beiden Gegensatz-Ergänzungen Yin (Erde, Körper) und Yang (Himmel, Seele/Bewußtsein) enthielt. Als Yin und Yang aufeinandertrafen, entstand Pan Gu.

In den ältesten chinesischen Beschreibungen von Yin und Yang ist Yang die südliche, helle, „weiße", männliche, Sonnen-beschienene, diesseitige Lebens-Seite eines Hügels und Yin die nördliche, dunkle, „schwarze", weibliche, Sonnen-lose, jenseitige Todes-Seite dieses Hügels.

Schon bei den Tempeln von Göbekli Tepe ist der Süden als das Diesseits und der Norden als das Jenseits erkennbar. Der Hügel in den alten chinesischen Beschreibungen von Yin und Yang wird daher eine Schwitzhütte oder die von ihnen abgeleiteten Tempel von Göbekli Tepe oder noch später die ebenfalls von ihnen abgeleiteten Hügelgräber die chinesischen Königsgrab-Pyramiden sein.

Yang ist also der Körper und das Diesseits – Yin ist die Seele und das Jenseits.

Im Gegensatz zu den Indern wird bei den Chinesen der Körper als männlich und die Seele als weiblich angesehen. Die Gleichsetzung des Paares „Körper und Seele" mit dem Paar „Mann und Frau" wird daher nicht von den gemeinsamen Vorfahren der Chinesen und der nostratischen Völkern (zu denen die Indogermanen und somit auch die Inder gehören) stammen. Diese Gleichsetzung wird folglich erst in der Jungsteinzeit entstanden sein – sie ist ja auch recht willkürlich, da es keinen inhaltlichen Bezug zwischen diesen beiden Paaren gibt.

II 4. q) Algonkin

Das Motiv des Brüderpaares ist in den indianischen Mythen sehr häufig. In den Mythen der Indianervölker der Algonkingruppe im Norden der USA und im Süden Kanadas gibt es oft einen Weißen Manitou und einen Schwarzen Manitou, die das Leben und den Tod darstellen. Diese beiden „Großen Geister" wurden als Zwillinge aufgefaßt.

II 4. r) Dakotas

Die Dakotas haben eine Weltordnung, in der sich die ursprüngliche Einheit zunächst in einen Urgegensatz, diese wiederum in je zwei weitere Gegensätze, also vier Grundprinzipien, und diese schließlich zu den sechzehn grundlegenden Dingen, aus der die Welt besteht, aufteilt. Dieses Konzept hat eine sehr große Ähnlichkeit mit der Yin/Yang-Lehre der Chinesen, die diesen Gegensatz auch durch eine schrittweise Teilung des Urgegensatzes von Yin und Yang in eine Gruppe von vier, acht und schließlich vierundsechzig Grundprinzipien aufteilt, die die Hexagramme des I Gings sind. Der Gegensatz als Urprinzip ist in beiden Kulturen zu dem wesentlichen Konzept der Beschreibung der Welt geworden.

II 4. s) Hopis

Bei den Hopis wirkten bei der Erschaffung der Welt die Zwillingsbrüder Po-okanhoya und Palo-ngao-hoya mit.

II 4. t) Sumo

Bei den Sumo-Indianern in Nicaragua erschafft der Urmensch Papang zusammen mit seinem jüngeren Bruder Hügel, Wälder und Flüsse und wird schließlich selber zur Sonne.

II 4. u) Mayas

In dem Buch „Popul Vuh" der Mayas wird beschrieben, wie die Zwillingsbrüder Hunahpu und Xbalanque in die Unterwelt reisen, um dort die Götter des Todes zu besiegen. Nachdem ihnen dies gelungen war, wurden sie schließlich in Sonne und Mond verwandelt.

II 4. v) Azteken

Bei den Azteken reisten die gefiederte Schlange Quetzalcoatl und ihr Zwillingsbruder, der Hundegott Xolotl, in die Unterwelt, um aus den Knochen der in einer Sintflut vernichteten Menschen diese neu zu erschaffen. Dies ist die indianische Variante der biblischen Sintflut und des aus Ymir herausfließenden Blutmeeres, in dem fast alle Riesen ertranken. Auch diese Flut ist offenbar ein altsteinzeitliches Motiv, das möglicherweise auch durch das Fruchtwasser in der Gebärmutter mitinspiriert worden ist.

Die Entsprechung bei den Mayas zu dieser Mythe wird in dem Buch „Popol Vuh" beschrieben, in dem die Zwillinge Hunahpu und Xbalanque in die Unterwelt reisen.

Der Urgott der Azteken hieß Ometeotl („Zwei-Gott"). Er bestand aus den Zwillingen Ometecutli („Zwei-Herr") und Ometehuatl („Zwei-Herrin"). Als erstes erschuf Ometeotl vier Götter, die den vier Himmelsrichtungen entsprechen und die die vier Tezcatlipocas genannt werden. Sie werden ursprünglich vier Aspekte eines einzigen Gottes gewesen sein.

Ometecutli und Ometehuatl erschufen auch die Welt und die Seelen der Menschen – sie sind also auch das Paar „Leib und Seele". Sie herrschten zusammen über Omeyocan („Zwei-Welt"), das aus dem Diesseits Cemanahuatl („Erdfrau") und aus dem Jenseits Topan („Himmel") bestand.

Tezcatlipoca bedeutet „Rauchender Spiegel", was sich darauf bezieht, daß man beim Hellsehen, bei dessen Erlernen auch die Azteken Kristallkugeln, Spiegel u.ä. benutzten, anfangs oft einen milchigweißen Nebel („Lebenskraft") sieht, der von den Indianern allgemein „Rauch" genannt wird. Als hellsichtiger Gott konnte Tezcatlipoca in die Herzen der Menschen und in die Zukunft sehen. Sein Jaguarfell ist ein Hinweis darauf, daß Tezcatlipoca eng mit dem Schamanismus verbunden ist, da das Fell des Großraubtiers bei fast allen Völkern ein Symbol für die magische Stärke des Schamanen ist.

Tezcatlipoca ist auch der Gott des Nordens, der Nacht und der schönen Frauen, was ein Hinweis darauf sein wird, daß er ein Gott des Jenseits war, da der Weltenbaum bei den Azteken wie bei den Indogermanen im Norden unter dem Polarstern stand, die

Nacht ein Symbol des Jenseits war und die schönen Frauen evtl. die Göttin der Wiedergeburt (und der Wiederzeugung) sein könnten. Dieser Jenseitsbezug paßt auch zu der Auffassung des Tezcatlipoca als Schamanengott, da ein Schamane vor allem ein Mensch ist, der bewußt in das Jenseits reisen kann.

Zusammenfassung: Der Zwilling

Leib und Seele wurden als Zwillinge aufgefaßt. Auch heute wird die hellsichtig wahrgenommene Seele bzw. der Astralkörper noch als „Doppelgänger" bezeichnet, was dem „Zwilling" sehr nahe kommt.

Leib und Seele werden in der Mythologie auf viele verschiedene Weisen dargestellt:

- Stab und Seelenvogel auf ihm,
- Totempfahl und Vogel auf ihm,
- zwei Pfeiler in den Tempeln von Göbekli Tepe,
- die beiden großen Menhire in den Steinkreisen,
- die beiden Tempeltürme,
- die beiden Kirchtürme,
- die zweifache Göttin,
- die Göttin mit zwei Köpfen oder zwei Gesichtern,
- die Göttin mit zwei Oberkörpern,
- die Göttin mit erhobenem Arm und gesenktem Arm,
- der Magier im Tarot mit erhobenem Arm und gesenktem Arm,
- der Christengemeinschafts-Priester mit erhobenem Arm und gesenktem Arm,
- der Schamanen-Gott mit zwei Gesichtern,
- Yin und Yang,
- zwei Säulen als Jenseitstor,
- zwei Urriesen,
- zwei Brüder, die die Welt erschaffen o.ä.,
- Diesseitsgott und Jenseitsgott,
- Korngott und Wildnisgott,
- ein Gott mit dem Namen „Zwilling",
- der Gott des Todes und die Göttin des Lebens,
- der Urgott und seine Zwillingsschwester-Frau
- Mann und Frau,
- Urmensch und Urfrau
  usw.

II 5. Die Erschaffung der Erde aus dem Urriesen

In dem vermutlich ursprünglichen Bild ist der Urmensch bzw. der Urriese oder Urgott die Erde selber gewesen – das ist das Bild einer lebendigen Erde.

In dem vermutlich jüngeren Bild sind die Bestandteile der Erde aus dem zerstückelten Urriesen erschaffen worden – eine tote Erde. Auch dieses Motiv muß schon alt sein und aus der späten Altsteinzeit stammen, da es sich sowohl bei den nostratischen Völkern (Europa, Mesopotamien, Ägypten, Indien) als auch bei den Chinesen findet.

II 5. a) Ymir

Die drei Asen, die die drei Stände repräsentiert haben, also Wodan/Odin (Fürsten und Krieger), Wili/Loki (Bauern und Handwerker) und We/Hönir (Priester und Heiler), haben den Urriesen Ymir zerstückelt und aus ihm die Welt erschaffen. Es gibt fünf verschiedene Berichte über diese Zerstückelung des Ymir, aber die Zuordnung der Teile der Welt zu den Körperteilen des Ymir ist recht einheitlich:

- Knochen	= Berge
- Zähne, Kiefer, Knochenstückchen	= Steine
- Fleisch	= Erde
- Schädel	= Himmel
- Blut (oder Schweiß)	= Wasser, Meer
- Hirn	= Wolken
- Haar	= Bäume
- Blut, Knochen	= Zwerge
- Maden in Ymirs Fleisch	= Zwerge
- Brauen	= Schutzwall rings um die Erde
- Augen	= Sonne und Mond

Bei diesem Zerstückelungs-Motiv, das einem heute vermitlich ziemlich brutal vorkommt, sollte man beachten, daß die Germanen vor allem von der Viehzucht und gelegentlich auch von der Jagd gelebt haben. Somit war das Schlachten von Tieren für sie etwas ganz Normales – und für die Germanen als Krieger war auch das Töten von Menschen nichts Ungewöhnliches.

II 5. b) Purusha

Aus Purusha sind u.a. die vier Kasten erschaffen worden: Sein Mund wurde zu den Brahmanen (Priester, Schamanen), seine Arme zu Kshatriyas (Krieger, Könige), seine Beine wurden zu den Vaishyas (Händler, Großgrundbesitzer, Geldverleiher) und seine Füße zu den Shudras (Handwerker, Diener, Arbeiter). Die Körperteile entsprechen offensichtlich den Tätigkeiten der vier Kasten.

Aus dem indischen Urriesen sind jedoch auch die Teile der Welt gebildet worden – die Zuordnungen, die mit denen der Germanen übereinstimmen, sind mit einem Sternchen* gekennzeichnet:

- Schädel   = Himmel*
- Nabel   = Luftraum
- Füße   = Erde
- Augen   = Sonne, Mond*
- Ohr   = Weltgegenden
- Fett   = Vögel, Tiere
- Mund   = Indra, Agni

Von diesen Zuordnungen stimmt nur die Erschaffung des Himmelsgewölbes aus dem Schädel des Urriesen sowie die Erschaffung von Sonne und Mond aus seinen Augen mit den Zuordnungen der Germanen überein. Der Geist ist sozusagen oben – und die Form der Schädeldecke sieht dem Himmelsgewölbe sehr ähnlich. Die Gleichsetzung von Sonne und Mond mit den Augen des Urriesen ist ebenfalls ausgesprochen naheliegend. Daher werden der Schädel und die Augen die älteste Zuordnung sein.

Möglicherweise gibt es auch noch einen Zusammenhang mit dem jungsteinzeitlichen Schädelkult: Man bewahrte damals den Schädel eines Verstorbenen in einer Nische in der Wand des Wohnhauses auf, damit man jederzeit mit ihm sprechen konnte. Solch einen Schädelkult hat es möglicherweise auch schon früher gegeben – ein auffällig platzierter Neandertaler-Schädelfund in einer Höhle sowie Schädelfragmente auf einem Altar des Homo erectus in einem Lager, das vor 350.000 Jahren in Bilzingsleben/Thüringen errichtet worden ist, weisen in diese Richtung.

Da man davon ausgehen kann, daß es eine Assoziation zwischen den Ahnenschädeln in der Wohnhütte bzw. in dem Wohnhaus und dem Himmel als dem Schädel des Urmenschen gegeben haben wird, befand man sich nicht nur in dem Schädel des Urriesen, sondern wurde auch von ihm wie von den Ahnen beschützt.

Zudem wurde man von dem Urriesen Tag und Nacht durch sein Sonnen-Auge und durch sein Mond-Auge gesehen. Man war nie ganz alleine – der Urriese war bei jedem seiner Nachkommen, also mit den Menschen … wohin auch immer sie gingen …

II 5. c) Pan Gu

Pan Gu wurde zerstückelt und aus seinen Teilen die Welt erschaffen. In anderen Versionen legte er sich einfach nieder.

Die Ähnlichkeit der Erschaffung der Welt aus den Gliedern des Pan Gu mit der Erschaffung der Welt aus dem zerstückelten Ymir ist deutlich – die Übereinstimmungen sind wieder mit einem Sternchen* gekennzeichnet:

- Knochen	= wertvolle Metalle (Germanen: Berge)
- Knochenmark	= Diamanten
- Fleisch	= Berge (Germanen: Erde)
- Muskeln	= Erde (Germanen: Fleisch)*
- Blut	= Flüsse (Germanen: Wasser, Meer)*
- Haar	= Wälder*, Gebüsch
- linkes Auge	= Sonne*
- rechtes Auge	= Mond*
- Atem	= Wind
- Bart	= Sterne, Milchstraße
- Stimme	= Donner
- Flöhe im Pelz	= Tiere, Fische

Es sieht so aus, als ob in den Mythen des germanischen Ymir und des chinesischen Pan Gu mehr alte Motive bewahrt geblieben seien (fünf Übereinstimmungen) als bei den indischen Purusha (zwei Übereinstimmungen).

II 5. d) Tiamat

Aufgrund eines Streites tötete der Himmelsgott Anu oder in späteren Fassungen dieser Mythe der Sonnengott Marduk die Urgöttin Tiamat und zerstückelte sie.

Marduk schnitt Tiamat in zwei Hälften und erschuf aus ihrer Rückseite die Erde und aus ihrer Vorderseite den Himmel: Die tote Tiamat lag auf ihrem Rücken in den Urwassern und bildete so die Erde in der Mitte der Wasser.

Aus ihren Rippen erschuf er das Himmelsgewölbe, wobei er die beiden Reihen ihrer Rippen so nach Osten und Westen ausrichtete, daß ihr Kopf nach Norden zeigte. Mit diesen Rippen hielt er die Urwasser von der Erdoberfläche fern, die jenseits des Himmels noch als dessen blaue Farbe zu sehen sind. Die Welt ist sozusagen eine „Blase" in den Urwassern. Aus Tiamats Gebärmutter bildete Marduk eine Stütze für den Himmel.

Marduk häufte im Norden einen Berg über Tiamats Kopf auf, und legte ihre weinenden (oder von ihm angestochenen) Augen in ihn, die dort zu den Quellen von Euphrat und Tigris wurden. Ihre Brüste legte er in die Berge im Osten, die er ebenfalls erschuf – aus ihnen entsprangen die Nebenflüsse des Tigris. Aus Tiamats Speichel bildete Marduk die Wolken, den Regen und den Nebel.

Tiamats Leber wurde zum Polarstern und ihr Schlangenschwanz zur Milchstraße. Marduk erschuf auch die zwölf Sternbilder des Tierkreises als Wohnort für die größten der Götter – es wird leider nicht berichtet, woraus er sie erschuf. Er setzte auch Sonne und Mond an den Himmel und legte ihren Lauf fest.

Auch Tiamats Sohn Kingu wurde getötet. Aus seinem Blut entstand der rote Lehm, aus dem die Götter die ersten Menschen formten.

In dieser Mythe ist an die Stelle des zerstückelten Urriesen die zerstückelte Urgöttin getreten. Möglicherweise ist ihr Sohn Kingu ursprünglich der Urriese gewesen. In dieser Mythe ist das Motiv des zerstückelten Urriesen mit dem Motiv des Drachenkampfes kombiniert und dazu benutzt worden, die Herrschaft des Sonnengottes zu begründen. Dieser Drachenkampf ist durch das Motiv des Streites des Regengottes mit der Unterweltschlange um den Regen entstanden: Während der Regenzeit hat der Regengott die Oberhand und während der Dürrezeit die Unterweltschlange.

Die Zuordnung der Körperteile der Tiamat zu den Teilen der Erde ist deutlich anders als in der germanischen Ymir-Mythe:

- linke Rippenreihe   = Osthimmel
- rechte Rippenreihe   = Westhimmel
- Rücken   = Erde
- Schädel, Kopf   = Berge im Norden
- Speichel   = Wolken, Regen, Nebel
- Gebärmutter   = Himmelsstütze
- Leber   = Polarstern
- Brüste   = Quellen der Tigris-Nebenflüsse
- linkes Auge   = Quellen des Tigris
- rechtes Auge   = Quelle des Euphrat
- Schlangenschwanz   = Milchstraße
- ?   = zwölf Tierkreis-Sternbilder
- ?   = Sonne und Mond

Anscheinend ist dies eine Mythe, die nicht direkt auf die Zerstückelung des Urriesen zurückgeht, sondern die die Überlegenheit des Sonnengottes Marduk über die Urgöttin Tiamat darstellen soll – wobei vermutlich vage Erinnerungen an die Zerstückelung eines Urriesen eine Rolle gespielt haben werden.

Während in der Ymir-Mythe die Körperteile des Urriesen auf ihre Ähnlichkeit mit den Bestandteilen der Welt hin betrachtet und entsprechend zugeordnet werden, liegt den Zuordnungen in der Tiamat-Mythe das Bild der Welt als einer auf dem Rücken liegenden Frau zugrunde. Da sich der Kopf dieser Urgöttin im Norden befindet, liegen auch Tiamats Augen-Quellen im Norden. Aus dem Bild der auf dem Rücken liegenden Urgöttin ergibt sich, daß ihr linkes Auge die Tigris-Quelle, die im Osten liegt, und ihr rechtes Auge die Euphrat-Quelle, die im Westen des Berglandes liegt, darstellt.

Aufgrund des Bildes der liegenden Frau, die die Welt, d.h. Mesopotamien verkörpert, wird die Himmelsstütze in der Mitte der Welt von ihrer Gebärmutter gebildet, die sich in der Mitte der Göttin befindet. Außerdem war die Gebärmutter der Urgöttin aufgrund der Geburts- und Wiedergeburtsvorstellungen eng mit der Himmelsstütze als Weg („Nabelschnur") zwischen dem Erd-Diesseits und dem Himmels-Jenseits assoziiert. Über diesen Weg gelangten die Seelen der Babys bei ihrer Geburt vom Jenseits in das Diesseits und die Seelen der Toten bei ihrer Wiedergeburt vom Diesseits ins Jenseits.

II 5. e) Adam

Es gibt einige mittelalterliche Texte, in denen die Erschaffung des Adam aus acht Elementen beschrieben wird. In diesen Texten finden sich etliche Übereinstimmungen mit den Körperteil-Zuordnungen bei Ymir, woraus man vermutlich folgern kann, daß hier die christlichen Texte durch die germanischen Mythen inspiriert worden sind.

Die Übereinstimmungen sind:

- Knochen   = Steine* (Germanen: Berge)
- Fleisch   = Erde*
- Blut   = Wasser*, Meer*
- Gehirn   = Wolken*
- Haar   = Gras* (Germanen: Bäume)
- Augen   = Sonne* (der Mond fehlt seltsamerweise)

Die gesamten Zuordnungen sehen wie folgt aus:

| Körperteil | Urriese/Urmensch | | | | |
| | Adam in mittelalterlichen Texten | | | | Ymir |
	Ritual ecclesia	Emsiger Recht	friesischer Text	Evangelien-Gedicht	
Knochen		Stein	Stein	Stein	Berge
Zähne					Steine
Schädel					Himmel
Fleisch	Erde	Erde	Erde	Erde	Erde
Blut		Wasser	Wasser	Meer	Meer
heißes Blut	Feuer				
Adern				Kräuter	
Schweiß	Tau	Tau	Tau	Tau	Meer
Tränen	Salz				
Gehirn	Wolken	Wolken	Wolken	Wolken	Wolken
Haar		Gras	Gras	Gras	Bäume
Augen		Sonne	Sonne	Sonne	Sonne, Mond
Augen	Blüten				
kalter Atem	Wind	Wind			
Sinne	Gnade				

Die Erschaffung des Adam aus acht Elementen in der mittelalterlichen Überlieferung

Diese Erschaffung des Adam aus verschiedenen Elementen der Welt ist zwar ein anderes Motiv als die Zerstücklung des Urriesen, um aus seinen Gliedern die Welt zu erschaffen, aber die Zuordnung der Glieder des Urriesen zu den Teilen der Welt ist in beiden Fällen die Grundlage der Mythe.

II 5. f) Osiris

Nicht jeder „zerstückelte Gott" ist auch ein „zerstückelter Urriese". Da das Ernten des Getreides als ein Töten und somit manchmal auch als ein Zerstückeln angesehen worden ist, ist auch der Korngott ein „zerstückelter Gott".

Am deutlichsten ist dies bei dem ägyptischen Korngott und Totengott Osiris. Sein Körper wurde in 42 Teile zerstückelt, die den 42 Gauen (Verwaltungsbezirken) Ägyptens entsprachen. Die Verteilung seiner Körperteile auf diese Gaue scheint keine Systematik zu haben.

Das Zerstückeln des Urriesen wurde bei Osiris der Ernte des Getreides gleichgesetzt. Bisweilen sah man Osiris auch als das fruchtbare Land selber an.

Dieselbe Symbolik findet sich auch bei dem phönizisch-syrisch-griechischen Gott Adonis.

II 5. g) Tlaltecuhtli

Die Zerstückelung des Urwesens selber konnte nur die Nachkommen der Urmutter bzw. des Urriesen, die später zu den Göttern wurden, durchgeführt worden sein. In dieser Form ist die Mythe auch von den Azteken überliefert worden.

Die Schlangen-, Frosch- oder Krokodilgestalt wird Tlaltecuhtli dadurch erhalten haben, daß die Unterwelt ein Großes Wasser gewesen ist. Diese drei Tiere könnten zudem sowohl Symbole des Jenseitsweges, Helfer auf diesem Weg als auch die Jenseitsreisenden selber gewesen sein. Da sich in den Mythen oft der Weg und das Ziel miteinander verbinden, könnte die Große Mutter auch die Gestalt des Weges zu ihr bzw. der Wesen auf diesem Weg übernommen haben und so zur Schlangen-, Krokodil- und Froschgöttin geworden sein. Auf dieselbe Weise wird Tlaltecuhtli auch die Gestalt einer Baumgöttin erhalten haben, denn der Weltenbaum als Weg ins Jenseits ist auch der Weg zu der Großen Mutter.

Tlaltecuhtlis Darstellung als ein schreckenerregendes Wesen wird vermutlich aus der Zeit stammen, in der sich bereits das Motiv des Kampfes der Götter mit ihr ausgebildet hatte.

Bei der Entstehung des schrecklichen Aussehens der Tlaltecuhtli wird auch die Angst vor dem Tod eine Rolle gespielt haben, die auf der ganzen Erde die auf der Reise ins Jenseits helfenden Wesen nach und nach zu gefürchteten Wesen hat werden lassen.

Es gibt auch hier einige Übereinstimmungen mit den bisherigen Zuordnungen, die wieder mit einem Sternchen* gekennzeichnet sind:

- Schultern	= Berge
- Schädel, Kopf	= Himmel*
- Augen	= Quellen, kleine Höhlen (wie bei Tiamat)
- Nase	= Bergtäler
- Haar	= Bäume, Gras, Blumen*
- kleine Haare (Haut)	= feines Gras und kleine Blumen

Die Zuordnung der Augen zu den Quellen liegt sicherlich in den Tränen begründet, die aus den Augen fließen können.

Die Indianer sind um 14.000 v.Chr. über die Beringstraße nach Amerika eingewandert – also gegen Ende der späten Altsteinzeit, die von 50.000-10.000 v.Chr. gedauert hat. Es ist daher nicht verwunderlich, daß sich auch bei den Indianern Mythen finden, die in der späten Altsteinzeit in Eurasien entstanden sind.

Die Zuordnung zwischen den Körperteilen des Urwesens und den Teilen der Welt ist sehr archaisch und entspricht der sehr einfachen Lebensweise der Menschen in der späten Altsteinzeit – die zudem von der Jagd gelebt haben und daher täglich Tiere zerstückelt haben.

Zusammenfassung: Die Zerstückelung des Urriesen

Die Zerstückelung des Urriesen, aus dessen Teilen dann die Welt erschaffen worden ist, ist offensichtlich ein Motiv, daß für die Menschen, die in der späten Altsteinzeit hauptsächlich von der Jagd gelebt haben, ausgesprochen naheliegend gewesen ist.

Die in den Mythen der verschiedenen Völker weitgehend übereinstimmenden Zuordnungen sind:

- Schädel	= Himmel
- Blut	= Meer
- Augen	= Sonnen und Mond
- Haare	= Bäume

Vermutlich ist der Urriese ursprünglich als lebendige Erde aufgefaßt worden und erst sekundär als Zusammensetzung aus den Körperteilen des getöteten und zerstückelten Urriesen – zumindestens ist das Zerstückelungs-Motiv eine deutlich komplexere Vorstellung und daher wahrscheinlich jünger.

VII 6.   Der Mensch als Erde – die Erde als Mensch

Das Motiv der Erde, die aus einem Menschen erschaffen wurde, hat sich in den Mythen zu vielen verschiedene Varianten weiterentwickelt. Eines dieser Themen ist die Umkehrung dieses Vorganges: die Erschaffung des Menschen aus Erde.

II 6. a)   Chnum

Der ägyptische Widdergott Chnum hat die ersten Menschen auf seiner Drehscheibe getöpfert.
Die älteste Figur aus gebranntem Ton stellt eine Frau dar, stammt aus Tschechien und wurde vor ca. 27.000 Jahren, also ungefähr in der Mitte der späten Altsteinzeit hergestellt. Das Motiv des Formens einer menschlichen Gestalt aus Ton könnte also schon 27.000 Jahre alt sein.

II 6. b)   Adam

Auch in der Bibel wird der erste Mensch, also Adam, von Gott aus Lehm erschaffen.

II 6. c)   Purusha

Aus ihm sind u.a. die vier Kasten hergestellt worden: Sein Mund wurde zu den Brahmanen (Priester, Schamanen), seine Arme zu Kshatriyas (Krieger, Könige), seine Beine wurden zu den Vaishyas (Händler, Großgrundbesitzer, Geldverleiher) und seine Füße zu den Shudras (Handwerker, Diener, Arbeiter).

II 6. d)   Ask und Embla

In der germanischen Mythologie haben die Götter Odin, Loki und Hönir die beiden ersten Menschen aus Treibholz geschnitzt. Der Mann hieß daher „Ask" („Esche") und die Frau „Embla" („Ulme" oder „Rebe, Ranke").
Ähnliche Berichte, in denen die Menschen aus einem Baum erschaffen wurden, gibt es auch bei den anderen indogermanischen Völkern (Griechen, Perser, Inder) und auch bei den Indianern in Amerika sowie bei den Ureinwohnern von Australien und

Indonesien.

Wenn man die Tradition der Herstellung von Totempfählen aus Baumstämmen in der späten Altsteinzeit (50.000-10.000 v.Chr.) bedenkt, ist es nicht verwunderlich, daß es auch das Motiv der Erschaffung des Menschen aus einem Baum gegeben hat – schließlich stellte der Stamm des Totempfahls den Leib des Menschen und der Vogel oben auf dem Totempfahl die Seele des Menschen dar.

Ab der Jungsteinzeit gab es dann auch steinerne Totempfähle sowie naturalistische Stein-Statuen. Diese Statuen wurden dann zu Beginn des Königtums (3250 v.Chr.) zur Darstellung eines Menschen allgemein üblich.

Die einfachste Darstellung eines Menschen aus Stein ist der Menhir, also der „Stehende Stein" in der Megalithkultur.

Da die heutigen Aborigines vor ca. 30.000 Jahren von Südostasien aus nach Australien eingewandert sind und auch das Motiv der Entstehung der ersten Menschen aus einem Baum kennen, sollte dieses Motiv und ebenso der Totempfahl als die „weltanschauliche Grundlage" dieses Motivs ein gutes Stück älter sein als 30.000 Jahre, da sich solch ein Motiv ja auch erst einmal entwickeln, festigen und über ganz Eurasien verbreiten muß.

Somit ist das „Schnitzen aus Holz" mit mindestens 35.000 Jahren deutlich älter als das „Formen aus Lehm", da das Brennen von Lehm/Ton erst vor 27.000 Jahren erfunden worden ist.

II 6. e) Homo/Humus

Bei den Römern ist das Wort „Erd-Mann" in die beiden Begriffe „homo" für „Mann" und „humus" für „Erde" zerfallen. Es scheint jedoch keinen mythologischen Zusammenhang zwischen beidem mehr gegeben zu haben.

Zusammenfassung: die Erschaffung des ersten Menschen

Die Erschaffung des ersten Menschen aus Lehm ist sehr wahrscheinlich nicht älter als die Erfindung der Töpferei, d.h. ca. 27.000 Jahre.

Das Schnitzen des ersten Menschen aus einem Holzstamm ist deutlich älter als 30.000 Jahre – dieses Motiv wird in etwa so alt sein wie der erste Totempfahl.

Das Abstammen der Menschen von dem Urriesen („Erd-Mann") als dem ersten Menschen könnte ein noch älteres Motiv sein, aber da es nicht sonderlich weit verbreitet ist, ist diese Vermutung recht unsicher.

II 7. Der Erdgott

Der Urriese als die Erde selber unterscheidet sich auf den ersten Blick kaum von einem Erdgott. Ein Erdgott ist im Unterschied zu dem Urriesen jedoch ein Gott unter vielen – neben ihm gibt es noch die Himmelsgöttin, die Luftgott, den Seelenvogel-Gott, den Korngott, den Wildnisgott, die Tiergötter usw.

Während der Urriese die gesamte Erde, d.h. die gesamte Welt verkörpert, ist der Erdgott ein Teil der Welt – eben die Erde als „das, was unten ist". Daher kann man in den Mythologien auch den Erdgott von dem Urriesen gut unterscheiden.

II 7. a) Geb

Bei den Ägyptern war Atum der Urriese – auch wenn er als „Gott" bezeichnet worden ist. Der Erdgott als Gegenpol zum Himmel war hingegen Geb. Gebs Gegenpol ist die Himmelsgöttin Nut.

Neben Geb (Erdgott, Mann der Himmelsgöttin, mit dem Seelenvogel verbunden) gab es auch noch den die Erdgötter Tatenen (Erdgott), Aker (Erdgott, Totengott), Sokar (Erdgott, Totengott, Falkengott) und Osiris (Korngott, Erster Pharao, Erdgott, Nil, zerstückelter Gott, Totengott).

II 7. b) Urash

Bei den Sumerern in Mesopotamien ist die Göttin Urash die Erde als das untere, schwere Element der Welt gewesen – oben ist der Himmelsgott An.

Das Motiv der Erdgöttin ist vermutlich aus der Kombination des Grabes in der Erde und der Wiedergeburt der Seele im Jenseits durch eine Göttin entstanden – die Wiedergeburts-Göttin in der Erde wurde zu Erd- und Jenseitsgöttin.

In Sumer gab es jedoch auch eine Himmelsgöttin, die dort Inanna und später Ishtar hieß und wie die ägyptische Nut als Kuh aufgefaßt worden ist. Der dazugehörige Erdgott ist möglicherweise Enki, der auch die ersten Menschen erschaffen hat.

II 7. c) Humban

In Elam im Südosten von Sumer waren der Erdgott Humban und die Muttergöttin Pinkir das wichtigste Götterpaar. Sie entsprechen dem ägyptischen Paar Geb und Nut.

Zusammenfassung: Der Erdgott

Der Erdgott ist „der untere Teil der Welt", während der Urriese die gesamte Welt ist.

Daher steht der Urriese alleine da – vor ihm gibt es meistens nur noch das Urwasser als eine eher abstrakte Form der Urgöttin.

Der Erdgott ist hingegen als Gott eines Teiles der Welt ein Gott in einer Gruppe von Göttern, zu denen auch noch die Gottheiten des Himmels, der Luft, des Wasser, der Sonne, des Mondes usw. gehören.

II 8.   Der Urmensch als Jenseitsgott

Der Urmensch war zunächst einmal die ganze Erde, also die ganze Welt. Er konnte sich in den Mythen jedoch auf verschiedene Weisen weiterentwickeln.

Eine dieser Möglichkeiten setzt an der schlichten Einsicht an, daß der Urmensch/ Urriese, also der erste Mensch, mittlerweile nicht mehr leben kann und schln längst gestorben sein muß. Folglich befindet sich der Urmensch mittlerweile in der Unterwelt. Es lag nahe, den Urmenschen als den ersten Menschen, der jemals in die Unterwelt gelangt ist, also als dem „ersten Toten" auch als den wichtigsten Toten dort, d.h. als Totengott aufzufassen – zumal der Urriese ja auch im Totenreich noch immer ein Riese, also „das größte Wesen im Jenseits" ist.

II 8. a)   Yama

Am deutlichsten findet sich die eben geschilderte Entwicklung bei den Indern. Der Urriese Yama ist bei ihnen sowohl der erste Mensch als auch der Totengott.

Yama wurde als ein gehörnter Gott aufgefaßt und sein Tier war der Büffel. Der Büffel wird als eine Variante des Stiers das Symbol der Zeugungskraft des Urriesen/ Totengottes gewesen sein und die Kuh das Symbol der Fruchtbarkeit der indischen Mutter- und Jenseitsgöttin. Beide Qualitäten wurden für die der Wiedergeburt vorausgehende Wiederzeugung gebraucht.

II 8. b)   Purusha

Der indische Urriese Purusha ist der Herrscher der Unsterblichkeit und somit indirekt auch der Totengott, d.h. er entspricht dem Gott Yama.

II 8. c)   Yima

Bei den Persern war Yima der Erste König. Yima hatte auch eine Verbindung zum Tod, da zu seiner Zeit die Menschen noch unsterblich waren – was dann zu einer Überbevölkerung des Landes führte. Um dieses Problem zu lösen, wurde die Sterblichkeit der Menschen erschaffen.

In sehr indirekter Weise ist also auch Yima ein Totengott – er ist allerdings eher der

„Entdecker der Notwendigkeit des Todes" als ein „Gott der Toten" oder ein „Herr des Totenreiches".

II 8. d) Upelluri

In den Mythen der Hethiter wird berichtet, daß auf dem Meeresboden, d.h. in der Unterwelt der Urriese Upelluri liegt. Sein Name, der aus der (nicht-indogermanischen) hurritischen Sprache stammt, bedeutet „träumender Gott". Upelluri ist wie der indische Yama ein Gott der Unterwelt bzw. ein Gott in der Unterwelt.

II 8. e) Osiris

Osiris ist zwar ein Jenseitsgott, aber er ist nicht der Urriese, sondern der Korngott. Da die Ernte des Getreides als Tod des Korngottes aufgefaßt worden ist, wurde der Korngott auch zu dem Totengott. Da weiterhin das Korn auf der Erde wächst, ist Osiris auch zu einem Erdgott geworden.

Somit ist er zwar ein Erd- und Totengott, aber trotzdem nicht aus dem Motiv des Urriesen heraus entstanden.

Zusammenfassung: Der Totengott

Der Totengott ist nur in wenigen Fällen aus dem Urriesen heraus entstanden. Diese Form der Weiterentwicklung des „Erd-Mannes" findet sich lediglich bei den Indern (Yama, Purusha) und bei den Hethitern und Hurritern (Upelluri).

II 9.   Der Urmensch als Urkönig

Der erste Mensch ist, da es noch keine anderen Menschen gegeben hat, auch der erste König gewesen. Dieses Motiv kann natürlich erst entstanden sein, nachdem um 3250 v.Chr. in Ägypten das erste Königreich gegründet worden ist. Der „Urkönig" ist also ein recht junges Motiv, das maximal 5000 Jahre alt ist.

II 8. a)   Yima

Bei den Persern war der Urriese Yima auch der Erste König, was leicht als eine Übertragung des „Ersten Menschen" in die Königsvorstellungen zu erkennen ist, durch die er zu dem „Ersten König" wurde.

II 8. b)   Ymir

Ymir als der zeitlich gesehen erste Riese und Tyr als der rangmäßig gesehen erste Riese (Riese = Gott in der Unterwelt) sind oft einander gleichgesetzt worden. Beide sind auch von den Asen getötet worden.

Manchmal wurde Ymir als der Vater des Tyr angesehen – dann ist Ymir (Hymir) der alte, abendliche Sonnengott-Göttervater und Tyr der junge, morgendliche Sonnengott-Göttervater.

Zusammenfassung: Der erste König

Es lag zwar nahe, den Urriesen bzw. den ersten Menschen auch als den „ersten König" anzusehen, aber da das Königtum erst sehr spät entstanden ist, ist dieses Motiv sehr selten und findet sich in expliziter Form nur bei den Persern.

Die Germanen haben den Urriesen Ymir dem Sonnengott-Göttervater Tyr, also dem „Götterkönig" gleichgesetzt.

II 10. Der Urriese als Sonnengott-Göttervater

Die Auffassung des Urriesen als Göttervater ist erstaunlich selten. Sie findet sich nur bei den Germanen in der Gleichsetzung des Sonnengott-Göttervaters Tyr mit dem Urriesen Ymir.

Möglicherweise hat das weitgehende Fehlen dieser Gleichsetzung eine einfache Ursache: Der Urriese ist der erste Gott und somit der Anfang gewesen. Der Sonnengott-Göttervater ist aufgrund seines endlosen Zyklus von abendlichem Tod und morgendlicher Wiedergeburt hingegen ein Gott der Verwandlungen. Somit lag es nahe, den Urriesen an den Anfang des endlosen Zyklus der Sonnengottes zu stellen.

Zusammenfassung: Der Urriese als Sonnengott-Göttervater

Diese Entwicklung findet sich nur bei den Germanen. Sie ist sehr selten, da der Urriese den Anfang darstellt, während der Sonnengott den Zyklus verkörpert.

II 11. Die Urgöttin

Das älteste Bild wird die Auffassung der Welt als Große Mutter sein, in deren Innerem sich die Natur und die Menschen befinden. Dieses Bild ist von der Schwitzhüttenzeremonie, von der aztekischen Urmutter Tlaltecuhtli und von der babylonischen Urgöttin Tiamat bekannt.

II 11. a) Schwitzhütte

Die Schwitzhütten-Zeremonie wird vermutlich vor ca. 600.000 Jahren entstanden sein, als die letzte Eiszeit begann und die damaligen Menschen (Homo erectus) in Eurasien beheizbare Hütten errichten mußten, um zu überleben. Diese Hütten sahen in etwa aus wie ein Iglu: eine Halbkugel mit einem Gang davor. Vor dem Eingang erhitzte man Steine im Feuer und trug sie dann mit einem Hirschschulterblatt o.ä. in die Hütte. Evtl. goß man dann noch Wasser über die glühenden Steine, wodurch sich die Menschen in der Hütte aufwärmen konnten.

Das Urbild der Mutter hat es auch damals schon gegeben dieses Bild reicht mindestens bis zu den ersten Säugetieren zurück. Es lag nahe, die Schwitzhütte als den Schwangerschafts-Bauch der Mutter aufzufassen.

Damals waren Vater und Mutter diejenigen, von denen man Rat und Hilfe erhalten konnte. Daher bat man auch die bereits verstorbenen Eltern um Hilfe.

Weiterhin gab es zu jener Zeit auch recht sicher schon eine Sprache – dies ist für technische Konstruktionen wie Hütten, Steinwerkzeuge, Fellkleidung u.ä. notwendig. In dieser Sprache konnte man Eigenschaften durch Tier-Bezeichnungen ausdrücken:

- Großraubtier = Stärke, Eigenständigkeit
- Herdentier = Fruchtbarkeit, Gemeinschaft
- Schlange = Ahnen (Tote im Grab sind wie Schlangen in Höhlen)
- Vogel = Seele (Astralreise)
  usw.

Da dies die Elemente sind, die einer Schwitzhütte ausmachen (beheizte Hütte, Mutter, Ahnen, Tiersymbolik), und da diese Elemente damals alle vorhanden gewesen sind, kann man davon ausgehen, daß damals die Schwitzhütte entstanden ist, die man beheizt hat, die man als den Bauch der Mutter angesehen hat, in der man die Große Mutter und die Ahnen um Hilfe gebeten hat und zu der man die genannten vier Tiere als Helfer gerufen hat.

Da die Schwitzhütte auf der Erde steht, könnte die Erde als die Muttergöttin aufgefaßt worden sein, deren Bauch die Schwitzhütte ist. Da auch die Ahnen in der

Schwitzhütte herbeigerufen wurden und die Ankunft der Toten im Jenseits als eine Wiedergeburt durch die Große Mutter im Jenseits aufgefaßt worden ist, wurde die Große Mutter zu einer zweifachen Mutter: zur Mutter der Lebenden und der Toten. Dies Motiv wird bei den Frauen-Darstellungen in der späten Altsteinzeit durch ihre zweifachen Darstellung (zwei Oberleibe wie bei einer Skatkarte) sowie durch die Armhaltung (einer weist nach oben, einer nach unten) deutlich.

Es ist somit recht wahrscheinlich, daß die Erde ursprünglich als Erdgöttin angesehen worden ist – als „Mutter Erde". Es ist anzunehmen, daß die Menschen als ihre Kinder betrachtet worden sind. Von dort aus war es kein großer Schritt mehr zu dem Motiv des ersten Menschen als „erdgeborenem Wesen" und somit als „Erd-Mensch" und schließlich als „Erd-Mann".

Ab wann dieser erste Mensch jedoch als die Erde selber angesehen worden ist, ist unklar – dieses sehr schlichte und sehr anthropozentrische Weltbild könnte schon sehr alt sein.

Anscheinend ist irgendwann in der Entwicklung des altsteinzeitlichen Weltbildes der Urriese an die Stelle der Erdmutter getreten – der Sohn an die Stelle der Mutter.

II 11. b) Gaia

Gaia ist eine Erdgöttin, die dem ägyptischen Geb gleicht: Sie ist nicht die Urriesin, sondern die Erde als Gegenpol zum Himmel.

II 11. c) Pacha Mama

Pacha Mama ist die Erdgöttin der Quetchuas („Inkas"). Auch sie ist wie Gaia die Erde als Gegenpol zum Himmel.

II 11. d) Tiamat

Tiamat („Meer, Salzwasser") war die Urgöttin der Sumerer. Sie zeugte zusammen mit Abzu („Süßwasser") die ersten Götter. Tiamat wurde als Wasserschlange oder Meeresdrachen beschrieben, von dem in einem Keilschrifttext gesagt wird, daß er 520km lang ist (das entspricht in etwas der Länge von Sumer).

Aus der von dem Sonnengott Marduk getöteten Tiamat floß drei Jahre, drei Monate, einen Tag und eine Nacht lang ihr Blut heraus. Es wird zwar nicht gesagt, daß daraus das Meer entstand, aber diese Menge an Blut macht eine Parallele zu Ymirs Blut zumindestens sehr wahrscheinlich. Aus dem geteilten Leib der Tiamat erschuf Marduk Himmel und Erde.

Tiamat ist zwar eine Göttin, aus der die Welt erschaffen wurde, aber als Wassergöttin kann sie nicht die „Erdmutter" sein.

II 11. e) Tlaltecuhtli

In einer alten aztekischen Mythe wird berichtet, daß Quetzalcoatl („Federschlange" = Seele) und Tezcatlipoca („Rauchender Spiegel" = Schamane) nach der Großen Flut die Welt neuerschaffen wollten und nur ein riesiges Wasser vorfanden, in dem das Ungeheuer Tlaltecuhtli schwamm, das eine Mischung aus Krokodil, Kröte und Schlange war. Es hockte manchmal auch in der Gestalt einer gebärenden Frau in den Wassern und hatte ein weit aufgerissenes Maul mit Feuersteinmessern als Zähne und eine lange Zunge. Aus ihrem Mund floß Blut. Sie hatte auch an ihren Ellbogen und an ihren Knien und an anderen Stellen ihres Körpers Mäuler, die wie Totenköpfe aussahen und sie hielt in ihren beiden Händen je einen Totenkopf. An ihren Händen und Füßen hatte sie lange Krallen. Tlaltecuhtli ist offensichtlich eine Jenseitsgöttin.

In einer Erzählung wird berichtet, daß Quetzalcoatl und Tezcatlipoca zunächst vier große Bäume erschufen, um mit ihnen Himmel und Erde zu trennen. Dann ließ Tezcatlipoca einen seiner Füße als Köder für Tlaltecuhtli ins Wasser hängen. Tlaltecuhtli biß den Fuß ab, aber Tezcatlipoca ergriff den Drachen, der in dem folgenden Kampf seinen Unterkiefer verlor und daher nicht mehr unter Wasser tauchen konnte. Dann erschufen die beiden Götter auf dem Rücken des Drachen die Erde.

In einer anderen Mythe versuchten die beiden Götter in diesem Urwasser die Welt zu erschaffen, aber die gefräßige Tlaltecuhtli zerstörte sofort alles wieder, sodaß die beiden Götter die Gestalt von zwei Schlangen annahmen und den Drachen zerrissen.

In einer dritten Überlieferung verwandelten sich Quetzalcoatl und Tezcatlipoca in zwei Riesenschlangen und zogen Tlaltecuhtli an ihren Händen und Füßen aus dem Wasser heraus, um aus ihrem Körper die Erde zu erschaffen. Sie zogen jedoch so heftig, daß Tlaltecuhtli Hals zerriß und sie in zwei Teile zerbrach.

Nun erschufen Quetzalcoatl und Tezcatlipoca aus den Teilen der Tlaltecuhtli die Welt: aus ihren Schultern entstanden die Berge; aus ihrer Nase die Bergtäler; ihr Mund wurde zu den Flüssen und großen Höhlen; ihre Augen wurden zu Quellen und kleinen Höhlen; aus ihren Haaren entstanden die Bäume, das Gras und die Blumen; aus den feinen Haaren auf ihrer Haut entstand das feine Gras und die kleinen Blumen; aus ihrem Kopf erschufen die beiden Götter den Himmel; aus ihrem Mund heraus wuchs der Baum des Lebens, in dessen Wipfel ein (Seelen-)Vogel sitzt, von dem Flammen oder Rauch (Lebenskraft) aufsteigt. Dieser „Flammenvogel" wird wie der ägyptische Phönix und der slawische Feuervogel die Seele (Vogel) der im Morgenrot (Feuer) wiedergeborenen Sonne sein.

Bei den Mayas wächst der Weltenbaum nicht aus dem Mund des Krokodils, sondern entsteht aus seinem Schwanz.

Aus Tlaltecuhtli entstanden alle Dinge – auch die Tiere, die Menschen, die Ungeheuer und die Sterne.

Obwohl die Urgöttin zerstückelt worden war, lebte sie trotzdem weiter: Sie ist die Gesamtheit der Welt. Dies wird auch durch ihren Namen deutlich, der „Herr(-in) Erde" bedeutet.

Die Welt befindet sich somit im Inneren der Drachenfrau Tlaltecuhtli, die ihrerseits im Urwasser schwimmt – die aztekische Urgöttin ist zugleich das Erschaffene und trägt das Erschaffene in sich. Darin gleicht sie der babylonischen Göttin Tiamat.

Tlaltecuhtli gebiert (wie die ägyptische Göttin Nut) jeden Morgen die Sonne und verschlingt sie am Abend wieder. Der Diesseits-Aspekt Tlaltecuhtlis zeigt sich auch darin, daß sie von den Hebammen bei schwierigen Geburten um Hilfe angerufen wurde. Ihr Jenseits-Aspekt wird u.a. dadurch deutlich, daß sie z.T. auf den 4m·3,5m großen Deckplatten auf den Grabkammern der aztekischen Könige dargestellt wurde.

Sie ist allgemein die Göttin des Lebens und des Todes – daher gehört bei den Azteken die Zahl „2" zu ihr: Diesseits und Jenseits. Die Zuordnung der „2" zu Tlaltecuhtli weist u.a. darauf hin, daß sie als Göttin des Diesseits und des Jenseits auch der Ursprung des Ometeotl („Zwei-Gott") ist, der aus Ometecutli („Zwei-Herr") und Ometehuatl („Zwei-Herrin") bestand, die zusammen Omeyocan („Zwei-Welt") erschufen: das Diesseits Cemanahuatl („Erdfrau") und das Jenseits Topan („Himmel"). Der Name „Cemanahuatl" („Erdfrau") ist zudem von seiner Bedeutung her mit dem Namen „Tlaltecuhtli" („Herr(-in) Erde") fast identisch.

Die meisten Darstellungen der Tlaltecuhtli wurden vergraben oder befinden sich auf der Unterseite von Statuen o.ä. Da Tlaltecuhtli die Erde selber ist, sollten ihre Darstellungen mit der Erde in Kontakt sein und dadurch den Dingen, auf deren Unterseite sie dargestellt wurde, ein sicheres Fundament geben.

Dieser Mythe liegt vermutlich das Bild der Welt als Urgöttin zugrunde, das seinen rituellen Ausdruck in den Zeremonien in der Schwitzhütte findet, die den Bauch der Großen Mutter verkörpert. Dieses Ritual wird in Mittelamerika noch heute durchgeführt.

Die Zerstückelung der Urgöttin hat ihren Ursprung wahrscheinlich in der Zerstückelung des Urriesen. Es ist bemerkenswert, daß in der aztekischen Mythe betont wird, daß Tlaltecuhtli auch nach ihrer Zerstückelung noch immer lebt. Dies macht deutlich, daß dem Bild der Welt als der zerstückelten Großen Mutter das Bild der Welt als der lebenden Großen Mutter vorausgegangen sein muß und daß das Zerstückelungsbild eigentlich vor allem ein Vergleich der Bestandteile der Welt mit den Körperteilen der Urgöttin bzw. des Urmenschen ist.

Diese Entwicklung läßt sich am besten dadurch erklären, daß es zunächst das Bild der Welt als Urgöttin gegeben hat und daß dann, als die Menschen selbstbewußter und eigenständiger wurden, der Urahn an die Stelle der Großen Mutter trat und das Motiv der Zerstückelung mit in die neu entstehende Mythe einbrachte. Diese mythologische Szene ist möglicherweise nicht nur durch das Zerlegen der Jagdbeute inspiriert worden, sondern auch durch den Kannibalismus und den Schädelkult in dem damaligen Bestattungsritual.

Der Übergang von der Großen Mutter als Zentrum auf den Urahn/Urriesen als Zentrum des Weltbildes wird vermutlich zum Beginn der Jungsteinzeit stattgefunden haben. Dies wird daran gelegen haben, daß die Menschen durch die Erfindung des Ackerbaues, der damit verbundenen Erschaffung von „Kultur-Inseln" in der Natur und der dadurch ermöglichten Bildung von größeren Gemeinschaften auch eine deutlich größere Eigenständigkeit, Unabhängigkeit von der Natur und allgemein eine größere Macht erlangt haben.

Im Gegensatz zu Mittelamerika, wo die Indianer den Schritt aus der Altsteinzeit in die Jungsteinzeit und weiter zum Königtum gemacht haben, sind die Indianer in Nordamerika altsteinzeitliche Jäger geblieben. Entsprechend haben sie auch das Bild der Großen Mutter bewahrt, die in den Ritualen durch die Schwitzhütte verkörpert wird.

Zusammenfassung: Die Urmutter

Es ist recht wahrscheinlich, daß die Erde einst als Mutter angesehen worden – weil die Schwitzhütte und die von ihr abgeleiteten Tempel von Göbekli Tepe und die ebenfalls von ihr abgeleiteten Hügelgräber den Schwangerschafts-Bauch der Erdmutter darstellen.

Allerdings ist die Auffassung der Welt als Ganzes als eine Göttin entweder sehr selten gewesen (Tlaltecuhtli, Tiamat) oder dieses Motiv ist sehr früh wieder verschwunden und hat nur wenige Spuren hinterlassen (was eher unwahrscheinlich ist).

Ob Gaia (Griechen), Pacha Mama (Inkas) und ähnliche Göttinnen nur Erdgöttinnen gewesen sind oder auch eine Erinnerungen an die Urgöttin, die nicht nur die Erde, sondern auch der Himmel und die Luft und die Sonne und der Mond usw. ist, läßt sich nicht sicher sagen.

Das Bild der Welt als Ganzes als ein Mensch ist hingegen ein Mann, der erste Mensch – wobei die Urmutter anscheinend nicht mitgezählt worden ist. Diese Urmutter erscheint am deutlichsten in den germanischen Mythen als die Urkuh Audhumbla, die den Urriesen Ymir erschaffen hat, in dem sie seine Gestalt aus dem Eis geleckt hat.

In manchen Mythen erscheint die Urmutter auch als Urwasser (z.B. Ägypten), als Milchmeer (Inder) oder als das Wesen, aus dem die Welt erschaffen worden ist (Tlaltecuhtli, Tiamat).

II 12. Der Bauch der Urgöttin

Die Welt als das Innere des Bauches der Urmutter wäre zwar aufgrund der Schwitz-hüttensymbolik ein naheliegendes Motiv, aber dieses Motiv scheint recht selten gewesen zu sein.

Dieses Motiv findet sich nur bei den Azteken und den Sumerern: Obwohl die Urgöttin Tlaltecuhtli zerstückelt und aus ihr die Welt erschaffen worden war, lebte sie trotzdem weiter: Sie ist die Gesamtheit der Welt. Dies wird auch durch ihren Namen deutlich, der „Herr(-in) Erde" bedeutet. Die Welt befindet sich somit im Inneren des Drachen Tlaltecuhtli, der im Urwasser schwimmt – die aztekische Urgöttin ist das Erschaffene und trägt zugleich das Erschaffene in sich. Möglicherweise ist auch die sumerisch-babylonische Göttin Tiamat auf diese aufgefaßt worden.

Durch die Schwitzhütte und die von ihr abgeleiteten frühen Tempel und die eben-falls von ihr abgeleiteten Hügelgräber ist der Bauch der Muttergöttin jedoch ein prägendes Motiv im Kult gewesen.

Es wäre auch naheliegend, daß der Urriese von der Urgöttin geboren wird, aber wenn man einmal von der Urkuh der Germanen und von den Urwassern, aus denen die Urinsel auftaucht, absieht, scheint auch dieses Motiv in den Mythen kaum eine Rolle gespielt zu haben.

II 13.   Das Urwasser

Das Urwasser als das, was es vor allem anderem in der Welt gab, ist recht weit verbreitet. Es lassen sich vier Motive erkennen, die zu dieser Vorstellung geführt haben können:

- das Fruchtwasser im Bauch der Großen Mutter (das bei der Geburt sichtbar wird);

- das Unterweltmeer (diese Vorstellung ist durch die aus der Erde emporströmenden Quellen sowie die scheinbar am Horizont aus der Erde aufsteigenden Wolken entstanden);

- das Jenseits sollte ein Ort sein, an den Lebende nicht gelangen können – wie z.B. tiefe Wasser;

- das Aufsteigen der Erde nach der Überschwemmung durch einen Fluß (dieses Motiv ist jedoch wahrscheinlich erst für die Ackerbauern von Bedeutung gewesen).

II 13. a)   Ägypten

In der ägyptischen Mythologie war am Anfang nur das Urmeer Nun. Der Name dieses Meeres, der als Urgott aufgefaßt wurde, bedeutet schlicht „Wasser". Aus ihm stieg die Erde in der Gestalt der Urinsel auf.
Diese Urinsel ist der Urgott Atum.

II 13. b)   Bibel

In der Schöpfungsgeschichte der Bibel, die stark von den ägyptischen Mythen geprägt worden ist, die Moses und die Israeliten in Ägypten kennengelernt hatten, trennt Gott am Anfang Wasser und Erde – was eine Variante des Auftauchens der Urinsel aus dem Urmeer ist.
Aus dieser Erde hat Gott dann Adam erschaffen – eine recht genaue Entsprechung zu dem ägyptischen Gott Atum, der als Ur-Insel aus dem Urwasser auftaucht.

II 13. c)   Milchmeer

Das Milchmeer aus der indischen Mythologie ist eine Kombination des Urmeeres mit der Milch der Urgöttin als dem „Lebenselixier".

II 13. d)   Ymirs Blut

Die Entstehung des Meeres aus Ymirs Blut ist eine Entstehungs-Mythe – hier ist das Meer nicht das Urmeer.

II 13. e)   Tiamats Blut

Aus der von Marduk getöteten Tiamat floß drei Jahre, drei Monate, einen Tag und eine Nacht lang ihr Blut heraus. Es wird zwar nicht gesagt, daß daraus das Meer entstand, aber diese Menge an Blut macht eine Parallele zu Ymirs Blut zumindestens sehr wahrscheinlich.

Auch dies ist kein Urmeer, sondern eines Entstehungsmythe des Meeres – schließlich steht das Meer nicht am Anfang, sondern wird aus etwas anderem erschaffen.

II 13. f)   Tlaltecuhtli

Diese aztekische Göttin ist nicht das Meer, sondern eine „Göttin im Meer". Es wäre zwar denkbar, daß sie einst das Urmeer gewesen ist, aber sicher ist dies nicht.

II 13. g)   Pan Gu

Das Erste Lebewesen in den chinesischen Mythen ist der Urriese Pan Gu, dessen Name „uralter, wassergefüllter Abgrund" bedeutet. Vor ihm existierte nur das Wasser der Urgöttin.

In den Urwassern schwamm am Anfang der Zeit nur das Ei des Tao, das in sich in vollkommenem Gleichgewicht die beiden Gegensatzergänzungen Yin (Erde) und

Yang (Himmel) enthielt. Als Yin und Yang aufeinandertrafen, entstand Pan Gu.

Hier ist das Wasser sehr deutlich als das Urwasser erkennbar.

II 13. h)   Die Schildkröten-Insel

In Indien ist Vishnus zweiter Avatar (Inkarnation) eine Schildkröte, die den Welten-berg in den Urwassern wieder aufrichtet und ihn dann auf ihrem Rücken trägt.

Ganz ähnliche Schildkröten-Mythen gibt es auch von den Indianern (Sioux/Dakota, Wyandot) und von den Chinesen.

Das Schildkröten-Motiv erklärt letztlich ganz einfach, wieso die Erde in dem Urmeer schwimmen kann.

Die Schildkröte ist somit nicht identisch mit dem Urriesen, sondern ist eine mytho-logische Erklärung dafür, warum die „Erd-Insel" nicht in dem bodenlosen Urmeer versinkt. Da diese Mythe so weit verbreitet ist muß sie zumindestens aus der späten Altsteinzeit stammen.

Die damalige Welt bestand aus Wasser mit einer in ihr schwimmenden Erdscholle, über der sich eine Luftblase befand – ein Bild das weitgehend dem ungeborenen Men-schen im Bauch seiner Mutter entspricht …

II 13. i)   Kabbala

Die Kabbala ist ein eher abstraktes Konzept, aber selbst in ihr findet sich noch als Vorstufe zur der erschaffen Welt („Lebensbaum") eine ungeformte Vorstufe („Ain Soph Aur"), aus der die geformte Welt hervorgegangen ist.

> ### Zusammenfassung: Das Urwasser
>
> Das Bild des Urwassers ist letztlich das Bild der Mutter: das, aus dem etwas her-vorkommt.

II 14. Die Urinsel

In dem vorigen Kapitel ist bereits die Urinsel beschrieben worden: die Urinsel, die aus dem Meer aufsteigt; die Trennung von Wasser und Erde; das Ansammeln von Schlamm auf dem Rücken einer riesigen Schildkröte, wobei dieser Schlamm dann zu der Erde wird; der im Urmeer schwimmende Urriese usw.

Das Urwasser ist die Möglichkeit – die Urinsel ist das Erschaffene; das Urwasser ist das Ungeformte – die Urinsel ist das Geformte; das Urwasser ist die Mutter – die Urinsel ist der Sohn, der erste Mensch, der Urriese.

Die ausdrückliche Gleichsetzung der Urinsel mit dem Urriesen und dem „Erd-Mann" findet sich jedoch nur bei den Ägyptern: Dort ist Atum der Urriese, der „Erdling" und die Urinsel.

Zusammenfassung: Das Urwasser

Das Urwasser ist die Mutter – die Urinsel ist der Sohn, d.h. der Urriese, der die Erde selber ist.

II 15. Die Erde als Wassertier

Neben dem Urriesen als Urinsel gibt es auch mythologische Bilder, die die Erde als ein anderes Wesen auffaßten.

Bei den Indianern in Nordamerika das Bild der Welt als der Rücken einer riesigen, im Wasser schwimmenden Schildkröte weit verbreitet. Dieses Bild gibt es auch bei den Indern und bei den Chinesen.

Auch die Urgöttin Tlaltecuhtli der Azteken konnte nicht nur als Frau erscheinen, sondern auch die Gestalt eines Krokodils, einer Schlange oder eines Frosches annehmen.

Bei den Azteken gibt es die Mythe, das die beiden Götter Quetzalcoatl und Tezcatlipoca auf dem Rücken des Tlaltecuhtli-Krokodils die Erde errichten wollten.

Ähnliche Vorstellungen sind auch von dem ägyptischen Krokodilgott Sobek bekannt: Er war der erste Gott, der aus den Urwassern auftauchte, um die Erde zu erschaffen. Auch die Frösche und Schlangen als die ersten Wesen im Urmeer sind in der ägyptischen Mythologie zu finden – sie waren die vier männlichen und die vier weiblichen Aspekte des Urmeeres Nun, die als vier Frösche und vier Schlangen dargestellt wurden. Diese vier Aspekte waren das Urwasser, die Unendlichkeit, die Dunkelheit und die Verborgenheit – abgesehen von der Unendlichkeit entspricht das wieder dem Mutter-Bauch.

Auch die babylonische Tiamat wurde als ein im Wasser lebendes Tier mit Schwanz, also vermutlich als Schlange angesehen. Möglicherweise ist sie zu Hälfte eine Schlange, weil sie als Jenseitsgöttin angesehen wurde (Schlangen = Ahnengeister).

Die Verbreitung des Ur-Wassertieres		
Tier	*Volk*	*Bereich*
Schildkröte	Inder, Chinesen, Dakota, Wyandot	Indien, China, Nordamerika
Schlange	Ägypter, Azteken, Sumerer	Ägypten, Mittelamerika, Mesopotamien
Krokodil	Ägypter, Azteken	Ägypten, Mittelamerika
Frosch	Ägypter, Azteken	Ägypten, Mittelamerika

Da Indien, China und Nordamerika ein zusammenhängendes Gebiet ist, könnte die Symbolik der Schildkröte aus den mythologischen Vorstellungen der späten Altsteinzeit in Ostasien stammen (die Indianer sind 14.000 v.Chr. von Ostasien aus nach Amerika eingewandert).

Die Schlange, das Krokodil und der Frosch als Bild für die Urwasser-Göttin oder den Urgott in Ägypten und in Mittelamerika sind vermutlich Parallelbildungen, die einfach darauf beruhen, das die drei genannten Tiere Wassertiere sind. So ist z.B. der Frosch in Südamerika das Tier, daß die Seelen der Neugeborenen aus der Wasser-unterwelt zu ihnen bringt – oder das einfach der „Kinder-Bringer" ist. Die Schlange ist zudem ganz allgemein das Ahnen-Symbol.

Eine Wassertier-Symbolik, die über ganz Eurasien, Amerika und die pazifischen Inseln verbreitet ist, ist der Fischotter als die Gestalt der Sonne in der nächtlichen Wasserunterwelt. Diese Symbolik ist daher sehr alt.[1]

Die langsame Wasserschildkröte ist das passendste Symbol-Tier für die ruhende Erde gewesen – der flinke Fischotter ist das passendste Symbol-Tier für die am Him-mel dahinziehende Sonne gewesen ...

Zusammenfassung: Wassertier

Die Urgöttin bzw. der die Erde verkörpernde Urriese konnte vermutlich deshalb auch als ein im Wasser lebendes Tier erscheinen, weil diese Tiere aus dem Wasser auftauchen.

Generell eigneten sich alle Tiere, die im Wasser lebten und manchmal aus ihm auf-tauchten, als Gleichnis für die ursprüngliche Entstehung der Welt, die bei fast allen Völkern als ein Auftauchen aus den Urwassern angesehen wird.

---

1   Eine ausführliche Beschreibung der Otter-Symbolik findet sich in meinem Buch „Die Symbolik der Wassertiere und sonstigen Tiere", die Band 44 meiner Reihe „Die Götter der Germanen" ist.

II 16. Die Himmelssäule

Die als riesiger Mensch aufgefaßte Himmelssäule ist aus dem Totempfahl entstanden, der einen Menschen und seinen Seelenvogel darstellt.

Diese Himmelssäule erscheint auch als die beiden Mittelpfeiler der Tempel von Göbekli Tepe, die in der frühen Jungsteinzeit erbaut worden sind.

Ein weniger deutliches Säulen-Bild ist der Weltenberg – er hat sich vermutlich aus dem Hügelgrab als dem Ort, von dem aus der Seelenvogel wieder aufsteigt, entwickelt. Eine Variante des Weltenberges ist der Götterberg und auch die Pyramide und generell alle Arten von Tempeln.

Die Himmelssäule ist der Weg zum Himmel, also zu dem Himmelsjenseits und der Himmelsgöttin. Die Himmelssäule ist oft auch die Verkörperung derjenigen, die von der Erde zum Himmel reisen: die Seelenvögel und die Schamanen.

Als Weg in das Himmelsjenseits erscheint die Säule in Ägypten auch als der Djed-Pfeiler („Ewigkeits-Pfeiler"): Er ist sowohl eine Palme als Weltenbaum als auch die Wirbelsäule des Osiris. Die Himmelssäule kann auch in den Menschen verlegt werden – die Wirbelsäule ist die individuelle Himmelssäule des Menschen.

Eine ähnliche Symbolik hat die Sushumna im Yoga, also der zentrale aufrechte Lebenskraft-Kanal im Menschen, an dem die sieben Hauptchakren („Blüten") sitzen.

Zu den Himmelssäulen-Göttern gehören u.a. der ägyptische Shu, der indische Skambia, der hurritisch-hethitische Ullikummi und der griechische Atlas. Sie sind oft der Sohn des Erdgottes und der Himmelsgöttin. Dies ergibt sich aus ihrer Entstehungsgeschichte: Der Tote, der später zum Erdgott wurde, zeugt im Jenseits zusammen mit der Großen Mutter, die später zur Himmelsgöttin wurde, den Seelenvogel des Toten, der dann zur Himmelssäule wurde.

Ein Aspekt des Himmelssäulen-Menschen ist es, daß er Himmel und Erde trennte. Dieses Motiv findet sich in den Mythen als das Wachsen der Himmelssäule, als Vertreibung aus dem Paradies, als Sintflut und als Streit zwischen den Menschen und ihren Ahnen/Göttern.

Die Trennung von Himmel und Erde findet sich am deutlichsten in Ägypten bei dem Luftgott Schu, der seine Mutter, die Himmelsgöttin Nut emporhob, während er auf seinem Vater, dem Erdgott Geb stand.

Dieses Motiv findet sich auch bei dem beim hurritisch-hethitischen Urriesen Ullikummi trug, was „Steinsäule" bedeutet. Ullikummi wurde von dem hurritischen Götterkönig Kumarbi dadurch erschaffen, daß er sich mit einem Felsen vereinte, der vermutlich die Erdgöttin darstellte. Diesen Felsen stellte er dann auf den Urriesen Upelluri, der im Meer lag. Upelluri wuchs und wuchs bis er schließlich den Himmel berührte. Da zerschlug der sumerische Unterweltsgott Enki, den die Hethiter ebenfalls in ihr Pantheon aufgenommen hatten, die Knöchel des Ullikummi, sodaß er ins Meer hinabstürzte.

Aus statischen Gründen wurden aus der einen zentralen Himmelssäule bei mehreren Völkern vier Himmelssäulen, die in den vier Himmelsrichtungen am Horizont standen und das Himmelsgewölbe gestützt haben. Zu diesen Völkern gehören u.a.:

- Griechen (die bekannteste Säule ist Atlas)
- Ägypter (die vier Horussöhne)
- Germanen (die vier Zwerge Sudri, Westri, Nordri und Austri)
- Azteken (die vier Tezcatlipoca-Götter: Quetzalcoatl (Seelenvogel-Gott „Federschlange") im Westen, Xipe-Totec (Maisgott „Herr Geschundener") im Osten, Tonahtiu („Sonne") im Süden und Mictlantecuhtli („Herr der Toten") im Norden – sie erscheinen auch in der Gestalt von vier Bäumen

---

Zusammenfassung: Die Himmelssäule

Der Totempfahl konnte nicht nur das Urbild für „Leib und Seele" und somit auch das Urbild des Menschen (Urmensch, Urriese) sein, sondern als Element in dem jungsteinzeitlichen Weltbild auch eine Säule in der Mitte der Welt, die den Himmel stützt und zugleich der Weg zwischen dem Erd-Diesseits und dem Himmels-Jenseits der Seelenvögel ist. Diese Himmelssäule konnte auch ein Baum oder ein Berg sein.

Der Urriese kann also auch als Himmelssäule und Himmelsträger und somit auch als Jenseitsweg erscheinen.

Aus statischen Gründen wurde diese eine zentrale Himmelssäule in mehreren Mythologien in vier Himmelssäulen am Rand der Welt in den vier Himmelsrichtungen umgewandelt.

II 17. Die Entstehung des Urriesen

Der Urriese ist manchmal einfach aus den Urwassern aufgetaucht – sozusagen ohne Ursache, ohne Vorgeschichte, als eine „Spontan-Geburt". Zu diesem Motiv gehört z.B. der ägyptische Urinsel-Gott Atum und der chinesische Urriese Pan Gu.

Manchmal wird der Urriese auch ganz ausdrücklich durch die Urgöttin erschaffen. Das deutlichste Beispiel hierfür ist die Urkuh Audhumbla bei den Germanen, die den Urriesen aus dem Eis leckt.

Nachdem es bereits eine Götterwelt mit einem Götterkönig gegeben hat, hat manchmal dieser Götterkönig (evtl. zusammen mit Gehilfen) erst durch die Zerstückelung des Urriesen aus ihm die Welt erschaffen. Diese Mythe sollte offensichtlich die Götter über den Urriesen stellen. Diese Variante findet sich u.a. bei den Germanen, bei den Sumerern und bei den Azteken.

In den späteren Mythen, die schon aus der Epoche des Königtums (ab 3250 v.Chr.) stammen, erschafft ein abstrakter Vatergott die Erde. Das bekannteste Beispiel dafür ist Gottes Erschaffung des Adam in der Bibel.

Zusammenfassung: Die Entstehung des Urriesen

Dem wahrscheinlichen Alter der Vorstellungen nach geordnet gibt es die folgenden Versionen der Entstehung des Urriesen:

- spontanes Auftauchen (Geburt) aus den Urwassern (= Urgöttin)
- Erschaffung durch die Urgöttin
- Erschaffung der Welt aus dem Urriesen durch die Götter
- Erschaffung des Urriesen durch Gott

II 18.   Analogie und Megalisierung

Es gibt in der Entwicklung der Weltbilder des Menschen deutlich erkennbare Stufen, die jeweils zu einer bestimmten Epoche gehören.

Insgesamt gibt es sieben Epochen, wobei wir uns derzeit am Anfang der fünften Epoche befinden.[2]

II 18. a)   Altsteinzeit

Die einfachste Form der Verarbeitung von Erlebnissen ist die Sortierung und Zuordnung durch Assoziationen. Dies ist die Grundlage der Lernfähigkeit: das Erkennen der Ähnlichkeit einer Situationen mit früheren Situationen. Dadurch können frühere Erfahrungen zur Beurteilung der augenblicklichen Situation genutzt werden.

In einem solchen von Assoziationen geprägten Weltbild ist die Mutter das zentrale Motiv: die „Große Mutter".

In diese Phase gehören z.B. die Assoziation der Wohnhütte und der Schwitzhütte mit dem Schwangerschafts-Bauch und die Benutzung von Tier-Bezeichnungen zur Bezeichnung der Qualitäten dieser Tiere bei Menschen (z.B. „Panther-Mann" = „starker Mann").

Dies ist nicht nur das Weltbild der Menschen in der Altsteinzeit und generell der Säugetiere (sie haben die Lernfähigkeit entwickelt), sondern auch die Weltsicht und die Verhaltensweise der Babys (Freud: „orale Phase").

Diese Phase kann man als ein umfassendes „Ja" charakterisieren.

II 18. b)   Jungsteinzeit

Wenn die Welt komplexer wird, reichen Assoziationen nicht mehr zur Verarbeitung von Eindrücken aus, da Assoziationen nur etwas über einen konkreten Menschen, ein konkretes Tier oder einen konkreten Gestand aussagen. Mit der Entstehung der großen Gemeinschaften zu Beginn der Jungsteinzeit, durch den Ackerbau, durch die Differenzierung der Berufe usw. mußte man vergleichen: „Alle Zimmerleute sind …", „Der Aussaattermin ist …", „Alle Händler sind …" usw.

Dadurch entstand ein Weltbild aus Vergleichen und Gleichnissen, d.h. aus

---

2   Eine ausführliche Darstellung dieser sieben Epochen findet sich in meinem Buch „Die sieben Schritte des Lebens".

Analogien. Die Gesamtheit aller Analogien ist die Tradition, die Mythologie und der Kult. Diese Weltbilder sind magisch-mythologische Weltbilder, in denen alles durch Analogien miteinander zusammenhängt – das einfachste Beispiel für diese Art von Zusammenhang ist die Astrologie.

Diese Analogien hatten eine Nebenwirkung: Wenn man alle konkreten Dinge miteinander vergleicht, bilden sich „Vergleichsessenzen" heraus wie z.B. der „Zimmermann an sich". Dies wurden dann die Urbilder, die in der Tradition, den Mythen und im Kult die zentralen Rollen spielen. Ein Aspekt dieser Urbilder ist, daß sie entweder wörtlich oder im übertragenen Sinne als „groß" angesehen worden sind.

Diese Urbilder ergaben zusammen das Weltbild, das aus „großen Wesen" (Göttern) und aus „großen Dingen" bestand: dem Urriesen, dem Erdgott, der Himmelgöttin, der Himmelskuh, dem Weltenbaum, der Himmelssäule, der Sonne und dem Mond als den Augen des Urriesen, den Bäumen als den Haaren auf dem Urriesen usw.

Diese „Megalisierung" ist eine Folge der Analogien – diese „großen Dinge" sind die Urbilder als Essenzen der Vergleiche, also der Analogien: der Urriese ist die Essenz und das Urbild aller Menschen, der Weltenbaum ist die Essenz und das Urbild aller Bäume, die Himmelskuh ist die Essenz und das Urbild aller Kühe usw.

Man kann also davon ausgehen, daß sich das Bild des ersten Menschen bzw. des Urriesen, also des „Erd-Mannes" oder „Erdlings" in dieser Epoche verändert hat. Da dieses Motiv so weit verbreitet ist, daß es schon in der späten Altsteinzeit entstanden sein muß, hat die Benutzung von Analogien von Analogien vermutlich schon in der späten Altsteinzeit, also bei den gemeinsamen eurasiatischen Vorfahren der nostratischen Völker, der Chinesen und der Indianer begonnen.

Da die Benutzung von Analogien nur das Entstehen komplexerer Lebensumstände zur Grundlage haben, könnte dies durchaus sein, da sich bereits in der späten Altsteinzeit größere Gemeinschaften gebildet haben, wie man anhand der größeren Hütten und der größeren Anzahl von Hütten an einem Ort sehen kann. Zu dieser Zeit ist auch das Sammeln neben der Jagd ausgeweitet worden und auch die Herstellung von Stein-Geräten ist sehr viel differenzierter geworden. Ebenso ist die Herstellung von Totempfählen spätestens zu dieser Zeit vielfältiger geworden. Weiterhin gehört auch die Anfertigung der Höhlenmalereien in diese Zeit.

Man kann folglich davon ausgehen, daß das Motiv des Urriesen in etwa in der Mitte der späten Altsteinzeit, d.h. um ca. 30.000 v.Chr. entstanden ist.

Diese Phase der Analogien und der Megalisierung entspricht dem Kleinkind, das zu laufen und zu sprechen und seine eigene Welt zu gestalten beginnt und Ordnung (Analogien), Vorbilder (Urbilder), Rhythmus und immer gleiche Abläufe (Zyklen, Kult) braucht (Freud: „anale Phase"). In der Jungsteinzeit entstehen die Inseln der Kultur (Dörfer, Gärten, Äcker, Weiden) in der Natur. Das entspricht dem Wollen und dem nicht-Wollen des Kleinkindes.

Diese Phase kann man als ein entschiedenes „Nein!" charakterisieren.

II 18. c)   Königtum

Das Königtum ist durch die Zentralisierung auf den König geprägt, durch den die Landwirtschaft deutlich effektiver und das Leben deutlich sicherer wird.

In der Religion ist der Göttervater und schließlich der eine und einzige Gott (Monotheismus) die Entsprechung zu dem König.

Im einzelnen Menschen entspricht das bewußte Ich des Kindes dem König (Freud: „phallische Phase").

Diese Phase kann man als ein zentrierendes „Ich!!!" charakterisieren. Dieses „Ich!!!" der phallischen Phase (Königtum) ist aus der Kombination des „Ja" der oralen Phase (Altsteinzeit) und des „Nein!" der analen Phase (Jungsteinzeit) entstanden.

In dieser Epoche wird der Urriese von Gott erschaffen. In der Philosophie, die dieser Epoche entspricht, wird der Urriese zu dem abstrakten Konzept des „Sein".

II 18. d)   Materialismus

In dieser Epoche wird alles sachlich betrachtet, analysiert, systematisiert und genutzt. Der Urriese verschwindet vollständig und es gibt nur noch die Materie, die genutzt wird.

Diese Epoche entspricht dem Jugendlichen, der die Welt und sich selber und seine Bedürfnisse erforscht und eigenständig wird und seine Sexualität entdeckt (Freud: „genitale Phase").

Diese Phase kann man als ein suchendes „Du?" charakterisieren.

II 18. e)   Globalisierung

In dieser Epoche, an deren Anfang wir uns befinden, werden Gesamtzusammenhänge betrachtet und es wird nach einen stabilen System gesucht.

Dies entspricht dem Erwachsenwerden und dem Gründen einer Familie (adulte Phase").

In dieser Epoche wird das Bild des Urriesen als der Erde bzw. das Bild der Erde als Göttin (Gaia) sozusagen wiederbelebt. Das hilft dabei, die Erde als einen Gesamtorganismus zu verstehen und zu erleben, der erhalten und geschützt werden muß, damit wir alle auf ihm leben und überleben können.

Diese Phase kann man als ein umfassendes „Wir." charakterisieren. Dieses „Wir." entsteht aus dem soliden Egoismus des „Ich!!!" und aus der umfassenden

Sachkenntnis der Welt des „Du?". Das Ich trägt in Verantwortung das Ganze und es wird in Vertrauen von dem Ganzen getragen.

Zusammenfassung: Analogie und Megalisierung

Das Motiv des Urriesen wird ungefähr um 30.000 v.Chr. in der Mitte der späten Altsteinzeit entstanden sein, als das Leben der damaligen Menschen aufgrund der größeren Gemeinschaften, des vermehrten Sammelns, der Herstellung differenzierterer Stein-Geräte, der Anfertigung von Frauen-Statuetten, Musik-Instrumenten, Höhlenmalereien, Totempfählen usw. zunehmend komplexer wurde. Zur Verarbeitung dieser veränderten Situation waren Analogien (Vergleiche) notwendig, deren Essenzen zu den Urbilder wurden.

Die Darstellungen dieser Vergleichs-Essenzen als „Große Wesen" (Götter) und „große Dinge", d.h. die Megalisierung ist auch die Grundlage für die Auffassung der Erde als Ganzer als eines riesigen Menschen, d.h. als des Urriesen.

II 19. Die Grundstruktur der Welt

Die Analogien der Jungsteinzeit haben es ermöglicht, alles mit allem zu vergleichen. Die praktische Anwendung dieses Weltbildes enthält neben dem geregelten Ackerbau und dem Kult auch die Entdeckung der Astrologie, der Orakel und der Analogie-Magie.

Als im Königtum dann alle Dinge zentriert und von einer Quelle aus gestaltet worden sind, sind diese Analogien mit der Zentralisierung verknüpft worden. Daraus ergaben sich dann systematische Gesamtbilder der Welt wie z.B. das Yin/Yang-Konzept, aus dem sich der ständige Wandel herleiten läßt, der durch „I Ging"-Orakel beschrieben wird.

Da diese systematischen Gesamtbilder die Grundstruktur der gesamten Welt beschreiben und da diese ganze Welt auch der Urriese ist, enthält auch der Urriese diese systematische Gesamtstruktur.

II 19. a) I Ging

Das dem I Ging („Buch der Wandlungen") zugrundeliegende Konzept ist das einfachste und grundlegendste Konzept, das möglich ist: Yin ist das Diesseits und der Körper – Yang ist das Jenseits und das Bewußtsein. Dies sind die beiden Aspekte der Welt.

Auch der Urriese hat diese beiden Seiten: einen Leib und eine Bewußtsein.

Statt „Bewußtsein" könnte man auch „Seele" im Sinne von „persönlicher Anteil an dem umfassenden Bewußtsein" sagen. Man könnte anders herum auch das Bewußtsein des Urriesen als „Weltseele" bezeichnen.

Die verschiedenen Mischungen von Yin und Yang beschreiben die verschiedenen Zustände der Welt. Die Veränderungen dieser Mischungen beschreiben die Veränderungen in der Welt. Im I Ging werden 64 Zustände und entsprechend $64 \cdot 64 = 4096$ mögliche Weiterentwicklungen dieser Zustände beschrieben.

Diese Veränderungen sind die „Bewegungen des Urriesen".

II 19. b) Pan Gu

Der Urriese Pan Gu ist in der chinesischen Mythologie entstanden, als sich Yang (Bewußtsein) und Yin (Materie) das erste mal begegnet sind. Dadurch ist ein von einem Bewußtsein erfüllter Leib entstanden.

Das ist ein ausgesprochen schlüssiges Bild: Pan Gu ist das erste Wesen, das sowohl einen Leib als auch ein Bewußtsein gehabt hat.

II 19. c)   Ba Gua

Alle Dinge bewegen sich und alle Dinge haben ein unterschiedliches Energieniveau. Aus diesen beiden Aspekten kann man ein Diagramm bilden, das den Zustand einer Sache beschreibt.

Die waagerechte Achse dieses Diagramms beschreibt den Fluß der Zeit: Vergangenheit (links) – Gegenwart (Mitte) – Zukunft (rechts).

Die senkrechte Achse dieses Diagramms beschreibt das Energieniveau: wenig Energie (unten) – mittelviel Energie (Mitte) – viel Energie (oben).

Ba-Gua		
Vergangenheit hohe Energie	*Gegenwart hohe Energie*	*Zukunft hohe Energie*
Vergangenheit mittlere Energie	*Gegenwart mittlere Energie*	*Zukunft mittlere Energie*
Vergangenheit niedrige Energie	*Gegenwart niedrige Energie*	*Zukunft niedrige Energie*

Natürlich finden sich in dem traditionellen Diagramm des Ba Gua nicht diese abstrakten Begriffe, aber man man kann diese Herleitung der Qualität der neun Felder des Ba Gua leicht in den alten Bezeichnungen wiederfinden.

Ba-Gua		
Trigramm: Wind Ba Gua: <u>Reichtum</u> *Vergangenheit* *hohe Energie* *(Hilfe von außen)*	Trigramm: Feuer Ba Gua: <u>Ruhm</u> *Gegenwart* *hohe Energie* *(Öffentlichkeit)*	Trigramm: Erde Ba Gua: <u>Liebe</u> *Zukunft* *hohe Energie* *(Ziele)*
Trigramm: Donner Ba Gua: <u>Familie</u> *Vergangenheit* *mittlere Energie* *(Herkunftsfamilie)*	Ursprung: Tao Ba Gua: <u>Gesundheit</u> *Gegenwart* *mittlere Energie* *(Zentrum)*	Trigramm: See Ba Gua: <u>Kinder</u> *Zukunft* *mittlere Energie* *(eigene Familie)*
Trigramm: Berg Ba Gua: <u>Wissen</u> *Vergangenheit* *niedrige Energie* *(Ausgangspunkt)*	Trigramm: Wasser Ba Gua: <u>Beruf</u> *Gegenwart* *niedrige Energie* *(Arbeit)*	Trigramm: Himmel Ba Gua: <u>Freunde</u> *Zukunft* *niedrige Energie* *(Entspannung)*

Dieses Raster kann man benutzen, um die Qualität eines Gebäudes oder eines Ortes zu erfassen, um zu erkennen, warum eine Maler ein Bild gemalt hat, und ähnliches mehr.[3]

Die Unterkante dieses Diagramms ist stets die Seite, an der sich der Eingang oder der Hauptzugang zu einem Ort befindet.

II 19. d) Vashtu Purusha

Das Vashtu Purusha ist dasselbe Prinzip wie das Ba Gua: ein neunteiliges Raster, mit dem man Gärten, Häuser und Städte planen kann. Purusha ist der Urriese und „Vashtu" bedeutet „Erde, auf der gebaut wird". Die Anordnung der neun Qualitäten an einem Ort wird hier also als neun Aspekte des Urriesen angesehen.

Im Gegensatz zum Ba Gua orientiert sich das Vashtu Purusha nicht an dem Zugang zu einem Ort, sondern an den Himmelsrichtungen: Norden ist bei dem diesem

---

3 Eine ausführliche Beschreibung dieses Rasters und seiner Anwendung findet sich in meinem Buch „Feng Shui für Anfänger".

Diagramm stets oben, Süden unten, Westen links und Osten rechts.

Die generellen Zuordnungen zu den neun Feldern sind im Vashtu Purusha dieselben wie im Ba Gua.

In dem folgenden Diagramm sind die Körperteile des Purusha eingefügt worden:

Vashtu Purusha I		
Ellebogen/Knie (links)	*Arm (links)*	*Kopf*
Trigramm: Wind Ba Gua: Reichtum	Trigramm: Feuer Ba Gua: Ruhm	Trigramm: Erde Ba Gua: Liebe
Vergangenheit *hohe Energie* *(Hilfe von außen)*	*Gegenwart* *hohe Energie* *(Öffentlichkeit)*	*Zukunft* *hohe Energie* *(Ziele)*
Bein (links)	*Leib/Herz*	*Arm (rechts)*
Trigramm: Donner Ba Gua: Familie	Ursprung: Tao Ba Gua: Gesundheit	Trigramm: See Ba Gua: Kinder
Vergangenheit *mittlere Energie* *(Herkunftsfamilie)*	*Gegenwart* *mittlere Energie* *(Zentrum)*	*Zukunft* *mittlere Energie* *(eigene Familie)*
Füße	*Beine (rechts)*	*Ellebogen/Knie (rechts)*
Trigramm: Berg Ba Gua: Wissen	Trigramm: Wasser Ba Gua: Beruf	Trigramm: Himmel Ba Gua: Freunde
Vergangenheit *niedrige Energie* *(Ausgangspunkt)*	*Gegenwart* *niedrige Energie* *(Arbeit)*	*Zukunft* *niedrige Energie* *(Entspannung)*

Die graphische Darstellung des Purusha in diesem Diagramm sieht wie folgt aus:

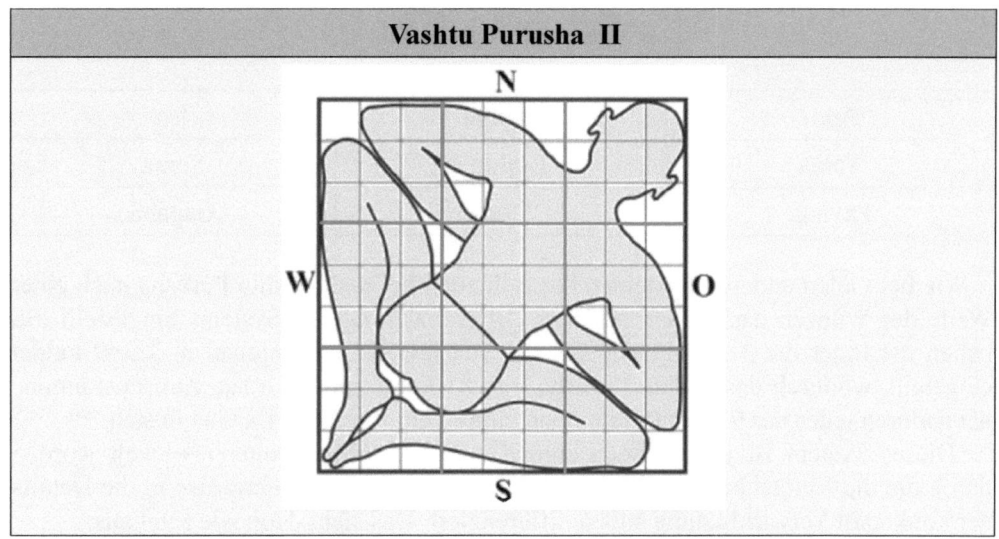

Die Art der Einfügung der Gestalt des Purusha in diese Graphik hat durchaus eine innere Logik: Das Ziel entspricht dem Kopf, das Fundament entspricht den Füßen, der Leib entspricht dem Zentrum, Arme und Beine entsprechen den Bewegungen zwischen dem hohen und dem niedrigen Energieniveau bzw. zwischen Vergangenheit und Zukunft, und die Ellebogen und die Knie entsprechen den beiden Orten, an denen ein Kurswechsel entsteht (Hilfe von links oben, Entspannung rechts unten).

Es gibt auch eine einfache Zuordnung von Qualitäten zu den neun Haupt-Feldern des Vashtu Purusha:

Vashtu Purusha III		
Luft	Norden: Nacht, Winter	Wasser
Westen: Abend, Herbst	Herz, Tempel	Osten: Morgen, Frühling
Erde	Süden: Mittag, Sommer	Feuer

Das Zentrum und die Himmelsrichtungen ergeben sich von selber als Zuordnungen in diesem Mandala. Die Erde als Ausgangspunkt ist ebenfalls plausibel. Das Wasser als Ziel würde bedeuten, daß man Gefühle sucht. Das Feuer im Ruhe-Feld bedeutet evtl., daß man dort neue Kraft tankt. Die Luft im Hilfe-Feld weist möglicherweise auf Beweglichkeit und Kontakte zu anderen hin.

Diese neun Felder sind auch neun Göttern zugeordnet worden. Diese Götter sind:

Vashtu Purusha IV		
Agni	Aditya	Isa
Yama	Brahma	Soma
Pavana	Varuna	Gagana

Wie bei vielen anderen Systemen hat sich auch bei dem Vashtu Purusha nach einer Weile der Wunsch nach einer weiteren Differenzierung des Systems eingestellt. So haben die Inder die 3·3=9 Felder des Ba Gua jeweils noch einmal in 3·3=9 Felder eingeteilt, wodurch das Vashtu Purusha 9·9=81 Felder erhalten hat. Zunächst einmal hat dadurch jedes der 9 Hauptfelder noch einmal ein 9-teiliges Ba Gua in sich.

Dieses System ist jedoch noch einmal auf eine Weise weiterentwickelt worden durch die die Einfachheit des Ursprungs im Zentrums sich stufenweise in die Details der konkreten Verwirklichung außen differenziert. Das sieht dann wie folgt aus:

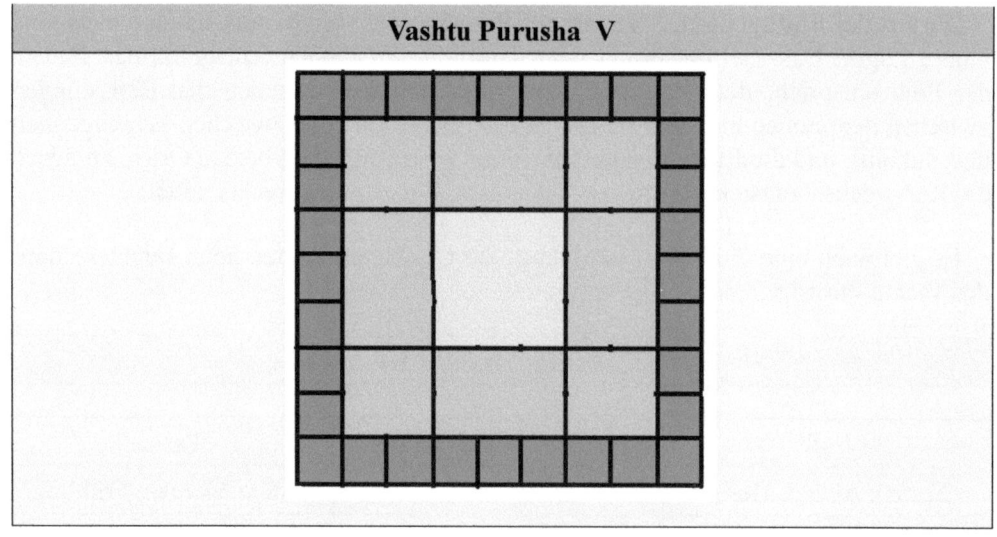

Das mittlere Feld wird auch in dieser Version „Brahma" genannt – es ist die Essenz, der Ursprung, das Herz.

In den vier rechteckigen Feldern befinden sich die vier Götter Budhara (oben), Aryaka (rechts), Vivasvat (unten) und Mitra (links).

In den vier großen Quadraten finden sich Rudra und seine Frau Rudrajaya (links oben), Apavatsa und seine Frau Apavatsya (rechts oben), Savitra und seine Frau Savita (rechts unten) sowie Indra und seine Frau Indrajaya (links unten). Diese vier

Felder sind manchmal zweigeteilt, d.h. je eine Hälfte ist einer der beiden Gottheiten dieser Paare zugeordnet.

Das kleine Feld ganz rechts oben entspricht dem Scheitelchakra und somit der Verbindung zu Gott. Auch die übrigen kleinen, äußeren Felder enthalten jeweils eine Gottheit.

Insgesamt ergibt sich hier das Bild, daß die alle Gottheiten Aspekte des Purusha sind und gemeinsam den Urriesen ergeben.

Vashtu Purusha VI

Rudra + Rudrajaya	Budhara	Apavatsa + Apavatsya
Mitra	Brahma	Aryaka
Indra + Indrajaya	Vivasvat	Savitra + Savita

II 19. e) Tiamat

Während in den Mythen des Ymir, des Purusha und des Pan Gu die Körperteile des Urriesen auf ihre Ähnlichkeit mit den Bestandteilen der Welt hin betrachtet und entsprechend zugeordnet werden, liegt den Zuordnungen in der Tiamat-Mythe das Bild der Welt als einer auf dem Rücken liegenden Frau zugrunde. Da sich der Kopf dieser Urgöttin im Norden befindet, liegen auch Tiamats Augen-Quellen im Norden. Aus dem Bild der auf dem Rücken liegenden Urgöttin ergibt sich, daß ihr linkes Auge die Tigris-Quelle, die im Osten liegt, und ihr rechtes Auge die Euphrat-Quelle, die im Westen des Berglandes liegt, darstellt.

Tiamat ist also wie Purusha im Vashtu Purusha das Bild der Welt als einer Frau, die eine bestimmte Lage auf der Erde innehat. Während sich der Kopf des Purusha im

Nordosten befindet, liegt der Kopf der Tiamat im Norden – was nur eine recht geringe Abweichung ist. Entsprechend befinden sich die Füße des Purusha im Südwesten und die Füße der Tiamat im Süden.

In Göbekli Tepe ist der Osten der Ort der Geburt (Sonnenaufgang), der Süden der Ort des Lebens im Diesseits (Mittag), der Westen der Ort des Sterbens (Sonnenuntergang) und der Norden der Ort des Todes (Nacht).

Purusha und Tiamat liegen mit den Füßen im Süden und folglich im Diesseits (Leib; China: Yin) und mit dem Kopf im Norden und folglich im Jenseits (Seele/Bewußtsein; China: Yang). Dies entspricht der chinesischen Mythe des Pan Gu, der aus dem Zusammentreffen von Yin (Leib) und Yang (Bewußtsein) entstanden ist.

II 19. f) Ägypten

Eine ähnliche Göttinnen-Geographie gibt es bei den Ägyptern bei der Göttin Nut. Sie ist allerdings um 90° gedreht worden: Ihre Beine und ihr Schoß sind im Osten, wo sie am Morgen die Sonne gebiert, und ihr Kopf und ihr Mund sind im Westen, wo sie am Abend die Sonne wieder verschlingt.

Weiterhin gibt es bei den Ägyptern eine Zuordnung der Götter zu den Körperteilen, die z.B. bei dem Einfügen der Amulette in die Mumienbinden eine Rolle spielt. Am bekanntesten ist sicherlich der Skarabäus, der der Sonne und dem Herzen bzw. dem Herzchakra entspricht.

Diese Zuordnung der Götter zu den Körperteilen ist nur sehr indirekt auch eine Zuordnung der Götter zu den Körperteilen des Urriesen. Da Osiris das Urbild des wiedergeborenen Toten ist, sind diese Götter-Zuordnungen zu den Körperteilen auch Zuordnungen zu den Körperteilen des Osiris.

Da weiterhin die 42 Teile, in die Osiris bei seinem Tod von Seth zerstückelt worden ist, den 42 Gauen (Verwaltungsbezirken) des ägyptischen Reiches entsprechen, sind diese Körperteil-Götter auch den Teilen Ägyptens und somit dem Urriesen Atum zugeordnet. Diese Verknüpfungen spielen in der ägyptischen Mythologie jedoch keine Rolle – die Puzzleteile für dieses Motiv waren sozusagen vorhanden, aber sie sind nicht zusammengesetzt worden …

II 19. g) Chakren

Wenn das Ba Gua und das Vashtu Purusha auch ein Bild des Urriesen sind, dann sollte man diesem Purusha-Diagramm auch die Chakren zuordnen können.

Zunächst einmal ist dies recht einfach: in der Mitte ist das Herzchakra, rechts oben das Scheitelchakra und links unten das Wurzelchakra. Dazwischen befinden sich dann das Hara und das Sonnengeflecht bzw. das Halschakra und das Dritte Auge. Passenderweise entsprechen dabei je zwei Chakren den beiden Quadraten, in denen sich im Vashtu Purusha auch zwei Gottheiten befinden.

Diese Zuordnung betont die Linie von links unten nach rechts oben, die ein aktives Aufsteigen von unten in der Vergangenheit nach oben in die Zukunft darstellt. Diese Linie entspricht dem Aufsteigen der Kundalini vom Wurzelchakra zum Scheitelchakra hinauf.

Diese „klassische" Haltung des Urriesen im Vashtu Purusha (Füße links unten, Kopf rechts oben) stellt das Streben nach einem Ziel dar und somit auch das Erwecken und das Aufsteigen der Kundalini. Diese Zuordnung der Chakren zu dem Urriesen läßt sich mühelos in die Graphik des Vashtu Purusha einfügen:

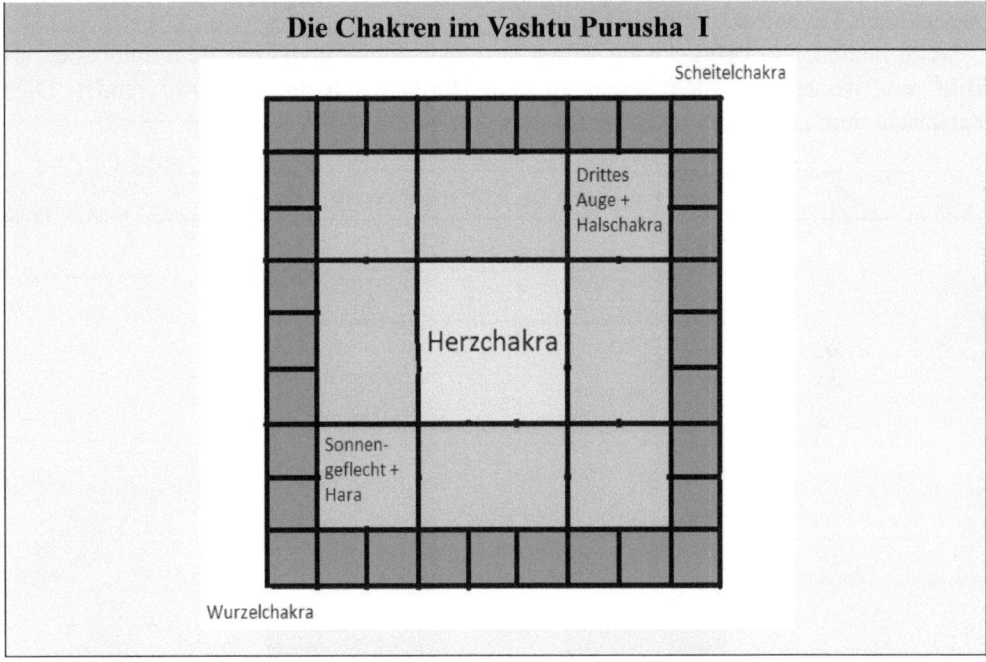

Die Chakren im Vashtu Purusha I

Scheitelchakra

Drittes Auge + Halschakra

Herzchakra

Sonnen- geflecht + Hara

Wurzelchakra

In Zeichnungen und Gemälden ist dies die „Optimismus-Linie": ein in die Zukunft hin wachsendes Energieniveau. Diese Linie findet sich aus diesem Grund z.B. auch im Symbol der Deutschen Bank, das „Wachstum (Diagonale) in einem stabilen Rahmen (Quadrat)" bedeutet: ▱ .

Man kann die Chakren jedoch auch von links oben nach rechts unten hin anordnen. Dann stellen sie eine Entwicklung vom hohen Energieniveau in der Vergangenheit zu einem niedrigen Energieniveau in der Zukunft dar. Hier kommt anscheinend Energie von außen in das System hinein. Das ist offenbar das Herabrufen des Bindhu, das Herabströmen des Himmelslichtes, das Bitten um einen Segen und das „Melken der Himmelskuh", wie dieser Vorgang in den indischen Upanishaden genannt wird.

Die Richtung der Bewegung auf der Diagonale in dem Diagramm wird durch die waagerechte Achse bestimmt, die die Bedeutung „Vergangenheit – Gegenwart – Zukunft" hat. Die Bewegungen in diesem Diagramm verlaufen immer von links nach rechts.

Das Aufsteigen des Kundalini wird im Yoga und im Buddhismus als die Ursache für das Herabfließen des Himmelslichtes beschrieben. Derselbe Zusammenhang ist auch aus der Kabbala bekannt: „Wenn Du einen Schritt auf Gott zugehst, kommt er Dir zehn Schritte entgegen." Oder, um es mit einem abendländischen Sprichwort zu sagen: „Hilf Dir selbst, dann hilft dir Gott."

Wenn man sich mittelalterliche Bilder anschaut, findet man Gott stets links oben im Bild, von wo aus er einen Segen zu dem Heiligen o.ä. in dem Bild sendet. Dies entspricht dem „Herabströmen des Lichtes" im Yoga.

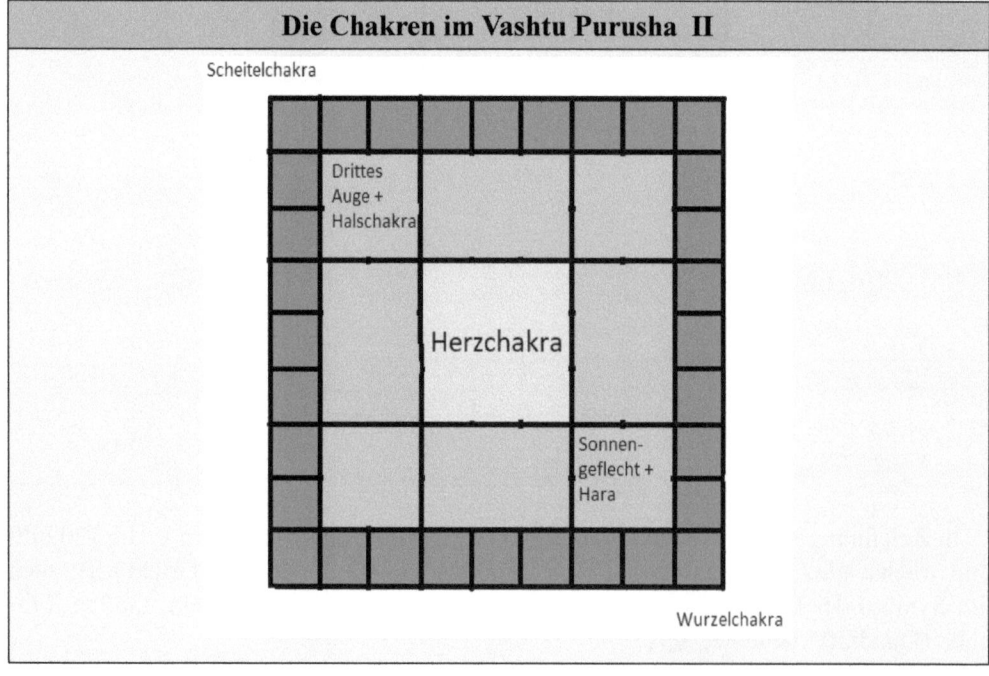

Die Chakren im Vashtu Purusha II

Scheitelchakra

Drittes Auge + Halschakra

Herzchakra

Sonnen-geflecht + Hara

Wurzelchakra

Wenn man beide Bewegungen miteinander verbunden hat, d.h. wenn man sowohl an das Erdfeuer als auch an das Himmelslicht angeschlossen ist, dann ist man im Hier und Jetzt vollständig geworden. Daraus ergibt sich dann die Anordnung der erwachten und geheilten Chakren in der Gegenwart, also auf der senkrechten Achse.

Diese senkrechte, mittlere Achse im Vashtu Purusha stellt auch die Himmelssäule und den Weltenbaum dar und ebenso den ägyptischen Djed-Pfeiler, also den Weltenbaum, der zugleich die Wirbelsäule des Gottes Osiris ist.

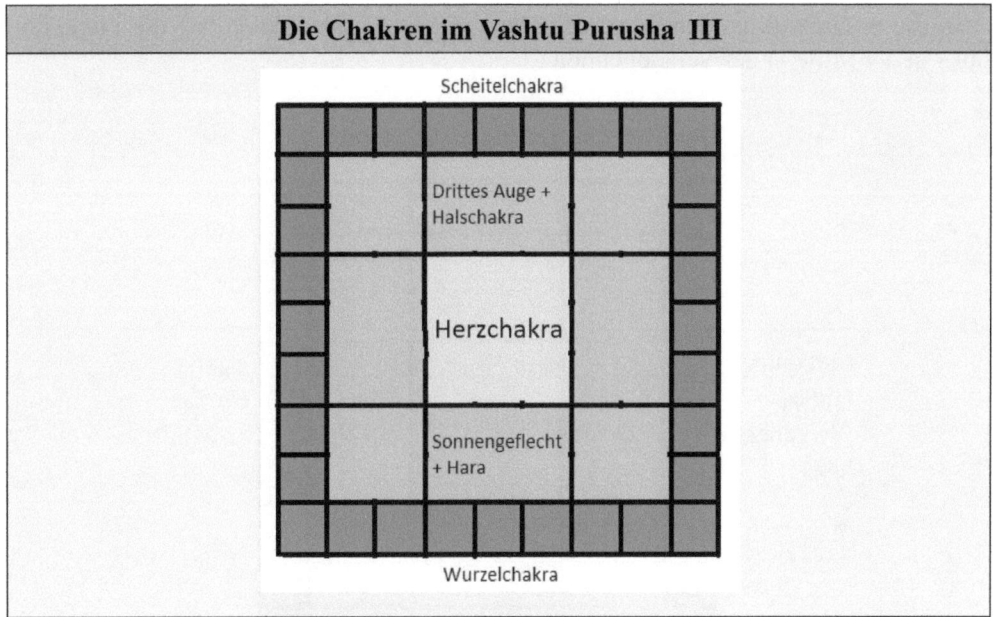

Die Chakren im Vashtu Purusha III

Scheitelchakra

Drittes Auge +
Halschakra

Herzchakra

Sonnengeflecht
+ Hara

Wurzelchakra

Die beiden Felder links und rechts des Herzchakra-Feldes sind offenbar neutrale Bereiche – in ihnen verändert sich nichts, sondern bleibt auf dem mittleren Energieniveau. Das bedeutet jedoch nicht, daß sie bedeutungslos sind:

- Die Herkunftsfamilie links trägt den Menschen – Vertrauen; und
- der Mensch trägt die selber begründete Familie – Verantwortung.

Die waagerechte Achse ist die Verbindung mit dem Ganzen: von dem Ganzen in Vertrauen getragen werden und das Ganze in Verantwortung tragen.

In dieser Graphik ist der Kopf rechts in der Mitte in der Zukunft – die Füße sind links in der Mitte in der Vergangenheit.

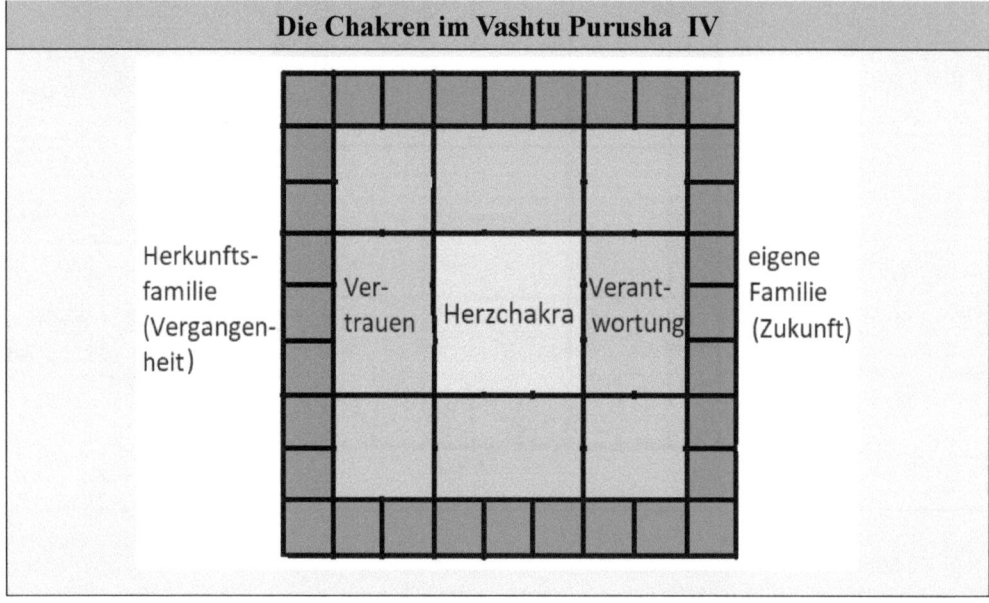

Die Chakren im Vashtu Purusha IV

Unabhängig davon, wie man die Achse in diese Graphik legt, befindet sich das Herzchakra stets in der Mitte.

II 19. h) Tierkreis

Der Tierkreis ist ein zwölfgeteilter Kreis – er zeigt die Strukturen im Bewußtsein. In der Materie gibt es ebenfalls einen zwölfgeteilten Kreis – der Superstring, mit dem die heutige Physik beschrieben wird.

Diese zwölfgeteilten Kreise entstehen, wenn etwas eigenständig wird: wenn ein Mensch geboren wird, wenn ein Unternehmen gegründet wird oder wenn sich in der Raumzeit ein Energiequant bildet.

Der zwölfgeteilte Kreis ist sozusagen die Grundstruktur alles Erschaffenen – das Geburtshoroskop dessen, was da entstanden ist. Daher ist der Tierkreis bzw. das Horoskop auch die Hülle der Seele, wenn sie sich inkarniert hat.

Im Ba Gua und im Vashtu Purusha ist die Seele in dem Herzchakra im Zentrum – das Herzchakra ist der „Tempel der Seele". Der Tierkreis befindet sich also rings um das mittlere Feld. Der Tierkreis ist somit weitgehend identisch mit den acht Feldern, die das zentrale Feld umgeben. Da die Gliederung der acht Felder und der zwölf Zeichen des Tierkreises jedoch verschieden ist, kann man sie nicht gleichsetzen, sondern nur kombinieren.

Der Vashtu Purusha enthält also als weiteres Element den Tierkreis:

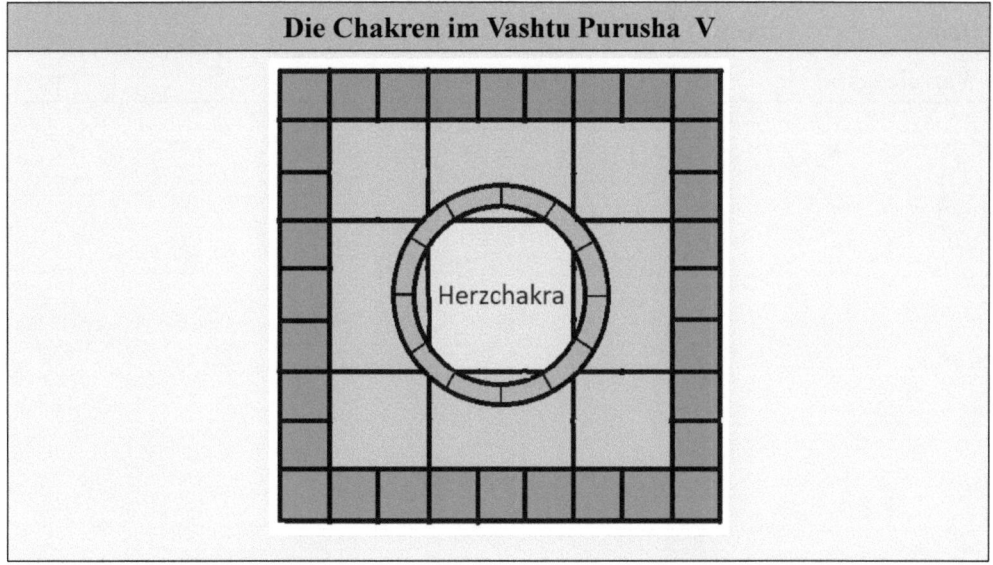

Die Chakren im Vashtu Purusha V

Herzchakra

Diese Graphik ist zwar inhaltlich richtig, aber ob sie in dieser Weise optimal dargestellt ist und wie man sie nutzen kann, ist vorerst noch unklar.

II 19. i) Vajra

Der Vajra ist eine Darstellung der polaren Entfaltung eines Zentrums in drei Stufen. Er entspricht somit den Chakren: Das Zentrum ist das Herzchakra – die polare Entfaltung sind die drei Chakren oberhalb von ihm und die drei Chakren unterhalb von ihm.

Diese Struktur wird durch eine Übersicht über die Qualitäten der Chakren deutlicher:

die Symmetrie der sieben Hauptchakren						
Name	*Ausrichtung*	*Qualität*	*Symmetrie*			
Scheitelchakra		geistiger Kontakt				
Drittes Auge	außen	äußere Orientierung				
Halschakra		sozialer Selbstausdruck				
Herzchakra	Mitte	Identität				
Sonnengeflecht		körperlicher Selbstausdruck				
Hara	innen	innerer Halt				
Wurzelchakra		körperlicher Kontakt				

Auch das Vajra ist in dieser Weise aufgebaut:

Der Vajra

- Es hat ein Kugel-Zentrum, das sich symmetrisch nach entgegengesetzten Richtungen hin ausdehnt (Herzchakra).

- Die erste Ausdehnung sind die beiden Lotusblüten (Sonnengeflecht/Halschakra).

- Die neu entstehende Form sind die jeweils vier Elefantenköpfe, die aus dem Lotus hervorkommen (Hara/Drittes Auge).

- Die Berührung wird durch das Zusammentreffen der vier Elefantenrüssel ganz außen dargestellt (Wurzelchakra/ Scheitelchakra). Die beiden Stäbe in der Mitte der jeweils vier Elefantenköpfe entsprechen den beiden Jets der Sonne und der Sushumna.

Diese Dynamik findet sich auch in anderen Systemen, die ein Zentrum haben, von dem die Wirkungen aus gehen – z.B. bei einer Sonne und ihrem Umraum.[4]

Für die Betrachtung der Strukturen in dem Urriesen ist hier jedoch nur von Bedeutung, daß man das Chakren-System auch als Vajra darstellen kann.

Dieses alte Symbol ist ursprünglich einmal des Blitzbündel des mesopotamischen und des indogermanischen Sonnengott-Göttervaters gewesen. Man kann in dem Ba Gua und im Vashtu Purusha das Vajra anstelle der sieben Chakren in jede der vier Achsen legen.

---

4 Diese Analogie wird in meinem Buch „Chakra-Magie für Anfänger" ausführlich dargestellt.

II 19. j) Kabbalistischer Lebensbaum

Der kabbalistische Lebensbaum aus der jüdischen Mystik ist eine komplexe, 40-teilige Struktur, die man in allen Dingen wiederfinden – angefangen vom Aufbau einer Zelle und der Struktur eines Staubsaugers über die deutsche Verfassung und die Astronomie bis hin zur Kernphysik und der Superstringtheorie.

Das alles läßt sich natürlich nicht auf drei Seiten beschreiben. Für die Betrachtung der inneren Struktur des Urriesen ist dies auch nicht unbedingt notwendig. Es genügt zunächst einmal zu wissen, daß der Lebensbaum ein universelles Analogiesystem ist – ähnlich wie des I Ging oder wie die Astrologie.[5]

Der Lebensbaum leitet sich aus den drei Entwicklungsschritten her, die auch das Chakrensystem und das Vajra-Symbol prägen.

Der Lebensbaum ist im Grunde eine sehr schlichte Struktur. Ihr Grundprinzip ist die Einheit als Ausgangspunkt und die Vielheit als Ergebnis und dazwischen ein Entwicklungsschritt bzw. die Differenzierung.

Der mittlere Schritt dieses „Dreischritts" wird noch einmal in drei Schritte differenziert und diese drei Schritte noch einmal jeweils in drei Schritte. Auf diese Weise ergibt sich eine differenzierte Entwicklungsstruktur.

Dieser Lebensbaum ist eine sehr hilfreiche Grundlage und Landkarte sowohl in der Meditation als auch in der Magie.

Die bekannte „Übung der Mittlere Säule" besteht aus den fünf mittleren Sphären („Sephiroth") auf diesem Lebensbaum. Die Mittlere Säule ist die zweite Stufe der Differenzierung, bei der der Schritt zwischen Einheit und Vielheit in drei Schritte zerlegt wird – in der folgenden Graphik ist dies die Spalte „Differenzierung II".

---

5 Eine ausführliche Darstellung findet sich in meinen dreibändigen Werk „Blüten des Lebensbaumes I, II, III".

Der kabbalistische Lebensbaum					
Differenzierung			Sephiroth	Planet	Lebensbaum
I	II	III			
1.	1.	1.	Kether	Pluto	
		2.	Chokmah	Neptun	
	2.	3.	Binah	Uranus	
		D	Da'ath	Saturn	
		4.	Chesed	Jupiter	
2.	3.	5.	Geburah	Mars	
		6.	Tiphareth	Sonne	
		7.	Netzach	Venus	
	4.	8.	Hod	Merkur	
		9.	Yesod	Mond	
3.	5.	10.	Malkuth	Erde	

Der Lebensbaum ist mehrere Dinge gleichzeitig, die ausgesprochen interessant sind:

- Er ist der Weltenbaum, der mit seinen Wurzeln in der Erde ruht (Malkuth) und mit seiner Krone den Himmel berührt (Kether). Der Lebensbaum entspricht daher auch dem Totempfahl, der Himmelssäule, der Sushumna (Yoga), der „Mittleren Säule" und dem Djed (Osiris).

- Er enthält die sieben Hauptchakren (von unten nach oben, d.h. vom Wurzelchakra bis zum Scheitelchakra sind dies Yesod, Hod, Netzach, Tiphareth, Geburah, Chesed und Da'ath).

- Der Lebensbaum stellt auch Adam Kadmon dar, also den heilen, „heiligen" Adam, der sich von dem „Sündenfall" befreit hat und wieder vollkommen geworden ist. Dies ist auch der ursprüngliche Adam, also der heile Adam als der Urriese. Er ist das heile Urbild des Menschen und das Ideal des Menschen – der erleuchtete Zustand.

- Der Lebensbaum enthält auch die Astrologie, d.h. das Horoskop auf mehrfache Weise als Element:

    - Die elf Sephirtoh (Sphären, Kreise) entsprechen der Sonne, den neun Planeten und dem Mond.

    - Unterhalb von Kether (1), das Gott und die „Singularität" darstellt, befindet als Querlinie der Urknall bzw. die Erschaffung der Welt, bei dem der erste (zwölfteilige) Superstring und somit der erste Tierkreis entstanden ist – die drei Sephiroth darunter (2, 3, D) sind die Götter bzw. die Energiequanten.

    - Unterhalb von Da'ath (D), das die Götter und das Kontinuum darstellt, befindet sich als Querlinie die Entstehung der Seele bzw. die Entstehung der zwölf Elementarteilchen (up-Quark, down-Quark, Elektron und Neutrino in jeweils drei verschiedenen Größen) – die drei Sephiroth darunter (4, 5, 6) sind der Bereich der Seele bzw. der Atomkerne.

    - Unterhalb von Tiphareth (6), das die Seele darstellt, befindet sich als Querlinie das Horoskop – die drei Sephiroth darunter (7, 8, 9) sind die Psyche eines Menschen.

    - Unterhalb von Yesod (9), das einen Aspekt der Psyche darstellt, befinden sich als Querlinie die Transite – die Sephirah darunter (10) ist der Körper eines Menschen.

Es zeigt sich somit, daß der Lebensbaum ein Struktursystem ist, das zwei weitere Struktursysteme enthält (Chakren, Astrologie). Zugleich ist der Lebensbaum auch eine Darstellung des heilen Zustandes des Menschen, der „Adam Kadmon" genannt wird. Der heile Zustand wird somit von dem ersten Menschen, von dem „Erd-Mann", von dem Urriesen Adam dargestellt.

Der Adam Kadmon der jüdischen Mystik entspricht folglich dem Purusha der indischen Weltanschauung.

II 19. k)   kollektives Unterbewußtsein

Beim Kundalini-Yoga gibt es ein interessantes Phänomen. Zunächst einmal ist die Kundalini die Lebenskraft, die von dem Wurzelchakra (zwischen Genitalien und After) in der Körpermitte zum Scheitelchakra (oben auf dem Kopf) aufsteigt. Dieser

Fluß der Lebenskraft beginnt jedoch nicht im Wurzelchakra, sondern in der Mitte der Erde, und er endet auch nicht am Scheitelchakra, sondern steigt weiter empor. Die Kundalini ist also ein Fluß der Lebenskraft, der von außen kommt, durch den eigenen Leib hindurch strömt und dann weiter nach oben fließt.

Es gibt somit zwei Lebenskraft-Dynamikren im Körper:

- Zum einen gibt es das Strahlen der Identität (Seele) im Herzchakra, das zu den Impulsen (Gefühlen) im Sonnengeflecht und im Halschakra wird, die sich dann zu als die Strukturen (Gedanken) im Hara und im Dritten Auge konkretisieren, die dann schließlich zu konkreten Kontakten (Wahrnehmungen) im Wurzelchakra und im Scheitelchakra führen.

Danach werden diese Wahrnehmungen (Wurzelchakra und Scheitelchakra) analysiert (Hara und Drittes Auge), bewertet (Sonnengeflecht und Halschakra) und dann in die eigene Essenz (Herzchakra) integriert.

Dies ist eine Konvektionsströmung; vom Zentrum nach außen und dann wieder zum Zentrum zurück.

- Zum anderen gibt es die durchlaufende Strömung der Kundalini, die von außen kommt, den Leib durchfließt und dann wieder nach außen geht.

Neben dem Kundalini-Feuer, das aus der Erde kommt und nach oben hin durch den Körper fließt, gibt es auch das Bindhu-Licht, das von oben her kommt und nach unten hin fließt. Das Kundalini-Feuer kommt aus der Erde und ist daher die Lebenskraft-Verbindung des Menschen zur Erde – das Bindhu-Licht kommt sehr wahrscheinlich von der Sonne und ist daher die Lebenskraft-Verbindung des Menschen zur Sonne. Wie u.a. die Erfahrungen im Yoga zeigen, ist das Kundalini-Feuer nährend und das Bindhu-Licht integrierend.

Die Lebenskraft, die von unten kommt, und die Lebenskraft, die von oben kommt, haben unterschiedliche Qualitäten – die Lebenskraft, die von außen durch den Menschen fließt, ist also keine „reine, ungeprägte Lebenskraft", sondern eine „geprägte Lebenskraft".

Der Ursprung dieser beiden Lebenskraft-Ströme ist die Konvektionsströmung der Erde und die Konvektionsströmung der Sonne. In beiden steigt heiße Substanz vom Zentrum her auf, kühlt an der Oberfläche ab und sinkt dann wieder hinunter. Auf der Sonne verursacht dies die Sonnenprotuberanzen („Vulkanausbrüche") – auf der Erde verursacht dies Vulkanausbrüche und die Kontinentaldrift.

Die Lebenskraft-Strahlung der Erde kann man in der Meditation als das aus der Erde aufsteigende Kundalini-Feuer erleben – die Lebenskraft-Strahlung der Sonne kann man in der Meditation als das von oben herabfließende Bindhu-Licht erleben.

Die Kundalini ist die „Nabelschnur zur Erde" – das Bindhu ist die „Nabelschnur zur Sonne".

Daneben gibt es auch noch die Nabelschnüre zu anderen Menschen – diese „Silberschnüre" führen vom Sonnengeflecht des einen Menschen zu dem Sonnengeflecht des anderen Menschen. Sie haben einen anderen Charakter als Kundalini und Bindhu – sie sind sozusagen die eigene Strahlung des Menschen, die von seiner eigenen Konvektionsströmung ausgeht (Herzchakra bis Wurzelchakra bzw. Scheitelchakra und zurück). Das Sonnengeflecht und das Halschakra sind die beiden strahlenden Chakren – der ungehinderte Selbstausdruck.

Diese Lebenskraft-Nabelschnüre sind die bildhafte „Übersetzung" der Wahrnehmung einer telepathischen Verbindung, also einer Lebenskraft-Verbindung.

Die Chakren sind die Organe des Lebenskraftkörpers – sie sind auch die Organe des Unterbewußtseins und der Psyche allgemein. Die Lebenskraft des Menschen ist u.a. auch sein individuelles Unterbewußtsein. Das bedeutet, daß die Lebenskraft der Erde das kollektive Unterbewußtsein sein muß. Das individuelle Unterbewußtsein ist durch die Lebenskraft-Nabelschnur an das kollektive Unterbewußtsein angebunden. Diese Koppelung geschieht durch Telepathie und Telekinese.

Die Erde ist also sozusagen der Körper des kollektiven Unterbewußtseins des Menschen. Das kollektive Unterbewußtsein ist daher die Erde, Gaia und auch der Urriese.

Nun wäre es natürlich arg vermessen zu glauben, daß die Erde nur das kollektive Unterbewußtsein der Menschen wäre. Sie ist ebenfalls das kollektive Unterbewußtsein aller Tier-, Pflanzen-, Pilz- und Steinarten.

Gaia ist also ein großer Organismus, in dem der Urriese bzw. die Große Mutter der Menschen-Bereich ist. Das kollektive Unterbewußtsein der Menschen ist ein Teil der „Psyche" von Gaia. In der Psyche von Gaia finden sich z.B. auch die Weiße Büffelfrau als die Muttergöttin der Büffel und der „Buchen-Elf", wenn man das kollektive Bewußtsein der Buchen so nennen möchte.

Diese Teile der Erde, diese kollektiven Unterbewußtseins der verschiedenen Tier-, Pflanzen-, Pilz- und Steinarten sind auch das, womit man durch die homöopathischen Kügelchen in Kontakt tritt.

Aus diesen Betrachtungen folgt, daß jeder Menschen eine Nabelschnur zu dem Urriesen, zu dem „Erd-Mann", zu der Erde hat. Diese Verbindung ist identisch mit der Verbindung des individuellen Unterbewußtseins zu dem kollektiven Unterbewußtsein der Menschen und zu dem Gesamtbewußtsein der Erde, von dem das kollektive Unterbewußtsein der Menschen ein Teil ist.

Angesichts der zentralen Stellung dieser Nabelschnur zur Erde ist es nicht verwunderlich, daß die Erweckung der Kundalini im klassischen Yoga die Grundlage aller anderen Meditationen ist.

Man kann sich fragen, warum man nicht mit dem Anrufen des Bindhu-Lichtes beginnt – vermutlich liegt das daran, daß wir Wesen der Erde sind, daß wir auf der Erde leben und daß daher unsere Nabelschnur zur Erde die intensivste Lebenskraft-Verbindung ist, die wir haben.

Da das kollektive Unterbewußtsein der Menschen mit dem Urriesen identisch ist, ist der Urriese offensichtlich für jeden Menschen von großer Bedeutung – auch wenn nur wenige Menschen diesen Kontakt zu dem Urriesen bewußt leben.

II 19. l) Der Entstehungszeitpunkt der Strukturen des Urriesen

Dieser Zeitpunkt läßt sich erfreulich genau feststellen.

Da die Grundlage all dieser inneren Strukturen des Urriesen Analogien sind, können diese Strukturen nicht vor der Jungsteinzeit entstanden sein, da erst die Jungsteinzeit diese Strukturen entwickelt hat. Auch die Bilder „Urriese" und „Weltenbaum" stammen aus der Jungsteinzeit und sind durch die Megalisierung entstanden, also durch die Vergrößerung eines natürlich Bildes zu einem Urbild.

Diese Strukturen sind allgemeingültig formuliert, was bedeutet, daß sie erst während der Epoche des Königtums entstanden sein können, das durch die Allgemeingültigkeit und durch die Schlüssigkeit der Philosophie geprägt gewesen ist. Auch das Streben nach einem Ideal stammt aus dieser Epoche.

Man kann also davon ausgehen, daß die inneren Strukturen des Urriesen auf den Analogie-Systemen der Jungsteinzeit beruhen und durch das Streben nach Allgemeingültigkeit in der Epoche des Königtums, des Monotheismus und der Philosophie weiterentwickelt worden sind.

Zusammenfassung: Die Grundstruktur der Welt

Ein so zentrales Motiv wie der Urriese hat notwendigerweise viele Verbindungen zu anderen Themen.

Er trägt in sich wie jedes Lebewesen die sieben Hauptchakren. Die senkrechte Achse dieser sieben Chakren entspricht dem Totempfahl, der Weltensäule, dem Weltenbaum, der Mittleren Säule des kabbalistischen Lebensbaums, dem Djed (Rückgrat des Osiris) und dem Vajra.

Er ist (als Pan Gu) aus der Begegnung von Yin (Körper) und Yang (Seele/Bewußtsein) entstanden.

Er trägt in sich als Gliederung nicht nur die Chakren, sondern auch das Ba Gua und das ihm entsprechende Vashtu Purusha sowie den kabbalistischen Lebensbaum.

Die vier möglichen Achsen im Ba Gua bzw. im Vashtu Purusha zeigen die vier Grundhaltungen: die Erwecken der Kundalini (links unten nach rechts oben), das Herabrufen des Lichtes (links oben nach rechts unten), das Ruhen im Hier und Jetzt (senkrecht) sowie die Weiterentwicklung (waagerecht).

Die Götter und Göttinnen entsprechen den einzelnen Körperteilen des Urriesen – der Sonnengott z.B. dem Herzen bzw. dem Herzchakra.

Der Urriese ist das kollektive Unterbewußtsein der Menschen. Die kollektiven Unterbewußtseine der Menschen, der Tiere, der Pflanzen, der Pilze und der Steine ergeben zusammen das kollektive Unterbewußtsein der gesamten Erde. Dieses Gesamtbewußtsein kann man sowohl als den Urriesen als auch als die Erdgöttin Gaia auffassen.

Die Lebenskraft-Verbindung von der Erde zum Wurzelchakra eines einzelnen Menschen ist die die Verbindung vom kollektiven Unterbewußtsein der Menschen zum individuellen Unterbewußtsein eines einzelnen Menschen: Sie ist die Lebenskraft-Nabelschnur des Menschen zum Urriesen.

Eine zweite solche Nabelschnur verbindet den Menschen nach oben hin mit der Sonne.

Der Urahn der Altsteinzeit ist in der Jungsteinzeit zu dem Urriesen geworden und hat dann in der Epoche des Königtums auch eine differenzierte innere Struktur erhalten (Chakren, Ba Gua, Vashtu Purusha, Lebensbaum usw.).

Die einzelnen Fäden, die in diesem Kapitel zusammengewoben worden sind, könnte man natürlich noch sehr viel detaillierter betrachten, aber da dieses Buch kein 10-bändiges Lehrbuch für Kabbala, Astrologie, I Ging usw. werden soll, sondern nur eine Betrachtung des Urriesen und seiner möglichen Bedeutung in der heutigen Zeit, sind diese einzelnen Fäden hier nur sehr kurz beschrieben worden.

II 20. Der Urmensch als Ideal

Der Urmensch am Anfang der Zeit befindet sich noch in dem ursprünglichen heilen Zustand. Daher ist er auch das heile Urbild des Menschen und auch das Ideal des Menschen, das man während seines Lebens anstrebt.

Besonders deutlich und ausdrücklich so formuliert worden ist dies bei Adam Kadmon in der jüdischen Kabbala. Doch auch schon der einfache Totempfahl enthält diesen Aspekt der Darstellung eines Idealzustandes. Das gilt ebenfalls für Götter wie Osiris, die den Weltenbaum bzw. die Himmelssäule als Rückgrat in sich tragen. Auch die Sushumna im Yoga, an der die sieben Hauptchakren sitzen, stellt einen solchen Idealzustand dar: die erwachten Chakren, das aufsteigende Kundalini-Feuer, das herabfließende Bindhu-Licht und das Ruhen im Hier und Jetzt.

Die „Übung der Mittleren Säule", die von dem kabbalistischen Lebensbaum abgeleitet worden ist, ist nicht der ideale Zustand selber, sondern ein Streben nach diesem idealen Zustand.

Dem Urmenschen als dem Ideal des Menschen liegt die Vorstellung zugrunde, daß der Mensch und die Welt dieselbe Struktur enthalten – sei dies nun das Chakra-System, das Ba Gua, das Vashtu Purusha, die Astrologie, das I Ging oder der kabbalistische Lebensbaum.

Die bekannteste Formulierung für diesen Zusammenhang stammt aus der „Tabula smaragdina" des Hermes Trismegistos: „Wie oben, so unten." Mit dem „oben" ist das Große und der Himmel, d.h. die Welt gemeint – mit dem „unten" ist das Kleine und die Erde, d.h. der Mensch gemeint.

Eine andere weitverbreitete Beschreibung dieses Zusammenhanges zwischen Urbild/Idee und konkretem Ding ist die Formulierung „Makrokosmos = Mikrokosmos". Der Makrokosmos ist die Welt und der Mikrokosmos der Mensch.

Auch die Zuordnung der Gottheiten zu den Körperteilen ergibt indirekt die Vorstellung von einem idealen Menschen – schließlich sind die Götter und Göttinnen in diesem idealen, heilen Zustand.

Einen ähnlichen Zusammenhang gibt es auch in der Astrologie: die zwölf astrologischen Häuser eines Horoskops beschreiben die zwölf Teile des menschlichen Körpers. Da die zwölf Häuser den zwölf Tierkreiszeichen entsprechen, hat jeder dieser zwölf Teile des Körpers idealerweise die Qualität eines der zwölf Tierkreiszeichen: Der Kopf, der dem 1. Haus entspricht, die Qualität des Widders; der Hals, der dem 2. Haus entspricht, die Qualität des Stieres ... usw. ... das Herz, das dem 5. Haus entspricht, die Qualität des Löwen ... usw. ... die Füße, die dem 12. Haus entsprechen, die Qualität der Fische.

Da der Urmensch das kollektive Unterbewußtsein ist und sich somit im Bereich der Götter befindet oder genauer gesagt, die Gesamtheit der Götter ist, befindet er sich in

dem Bereich, in dem es keine Abgrenzungen, Ausgrenzungen, Blockaden, Verdrän-
gungen u.ä. gibt, weshalb die Götter und der Urmensch sich in dem heilen Zustand
der Richtigkeit befinden. Dieser Bereich ist auch das kollektive Unterbewußtsein.

Zusammenfassung: Der Urmensch als Ideal

Das Ideal des Menschen wird durch den Urmenschen beschrieben, da dieser die
Grundstrukturen der Welt enthält: die Chakren, das Ba Gu, den Lebensbaum, die
Astrologie usw.
Der Urmensch ist eine Beschreibung des Ideals – die Strukturen in ihm sind
Hilfen, dieses Ideal auch selber zu erreichen.

II 21.   Mann oder Frau?

Der Urmensch, der Urriese, der Urgott, der „Erd-Mann", der „Erdling" werden stets als Mann dargestellt. Eigentlich sollte er jedoch entweder kein Geschlecht haben oder beide gleichzeitig – dies ist jedoch nicht der Fall. Diese Mythe scheint daher von Männern formuliert worden zu sein.

Auch die weltweit verbreitete Vorstellung von einer Wiederzeugung, einer Wiedergeburt und einem Wiederstillen im Jenseits ist wegen des Wiederzeugens eine Männer-zentrierte Vorstellung.

Weiterhin finden sich in den Bildern und Statuetten der Altsteinzeit, der Jungsteinzeit und des Königtums nur Darstellungen von Priestern, aber nicht von Priesterinnen. Die einzige Ausnahme ist die Priesterin, die bei der symbolischen Wiederzeugung des Königs eine Rolle spielt. Daneben hat es zwar Seherinnen und Heilerinnen gegeben, aber Priesterinnen sind ausgesprochen selten an zutreffen – wie z.B. die Schlangenpriesterinnen auf Kreta.

Auch der ideale Mensch ist ein Mann: Adam Kadmon und Purusha.

Man hat daher den Eindruck, daß die Männer-Dominanz bei den Menschen ziemlich weit in die Vergangenheit zurückreicht …

Es gibt in den Ackerbau-Kulturen die Göttin, die den Korngott gebiert, also das sogenannte „Göttin und Heros"-Motiv, aber das ändert nichts daran, daß die älteren mythologischen Vorstellungen ausgesprochen Männer-zentriert sind. Die feministische These, daß die Männer-Dominanz erst mit dem Königtum entstanden ist, ist zumindestens sehr fraglich.

Es gibt durchaus Kulturen, in denen der Besitz von Mutter zu Tochter weitervererbt wird (wie im Alten Reich in Ägypten) oder in denen die Frauen das Zentrum der Familie sind, aber das löst nicht die Männerzentriertheit bei dem „Urmann", der Wiederzeugungs-Symbolik im Jenseits (zu der es keine weibliche Entsprechung gibt) und die Männerdominanz im Priestertum auf.

Daher stellt sich die Frage, ob das Motiv des männlichen Urriesen nicht zu dem Motiv eines männlich/weiblichen Urriesen, eines neutralen Urriesens o.ä. umgestaltet werden müßte. Hier besteht ein deutlicher Entwicklungsbedarf …

Zusammenfassung: Mann oder Frau?

Der Urmensch, Urriese, Urgott, „Erd-Mann" und „Erdling" ist eindeutig ein Mann. Daher stellt sich die Frage, wie man dieses Motiv am sinnvollsten weiterentwickeln kann, damit es in gleicher Weise für Männer und Frauen paßt.

II 22.   Die Biographie des Urriesen

Aufgrund der Betrachtungen über den germanischen Urriesen Ymir läßt sich nun seine Biographie verfassen, die seine Entwicklung beschreibt.

II 22. a)   Altsteinzeit

- 600.000 v.Chr. – 50.000 v.Chr. -

Leib und Seele

Das Erlebnis beim Nahtod (Astralreise) zeigte schon den damaligen Menschen, daß es einen Seele (Astralkörper) gab, die den physischen Leib verlassen und über ihm schweben konnte. Dieses Erlebnis wurde durch einen Stab mit einem (Seelen-)Vogel auf ihm dargestellt. In vergrößerter Form wurde er zu dem Totempfahl, dessen Stamm den Leib des Menschen dargestellt hat, während der Vogel auf dem Stamm die Seele war.

Leib und Seele wurden als Zwillinge aufgefaßt. Auch heute wird die hellsichtig wahrgenommene Seele bzw. der Astralkörper noch als „Doppelgänger" bezeichnet, was dem „Zwilling" sehr nahe kommt.

Die Muttergöttin

Es ist recht wahrscheinlich, daß die Erde einst als Mutter angesehen worden – weil die Schwitzhütte und die von ihr abgeleiteten Tempel von Göbekli Tepe und die ebenfalls von ihr abgeleiteten Hügelgräber den Schwangerschafts-Bauch der Erd- Mutter darstellen. Allerdings ist die Welt als Ganzes anscheinend fast nie als Göttin angesehen worden.

Möglicherweise gab es schon damals das Motiv der Geburt des ersten Menschen durch die Große Mutter.

Der erste Mensch

In der Altsteinzeit waren die Eltern diejenigen, von denen man Rat und Hilfe erhalten konnte. Da die Eltern auch von ihren Rat und Hilfe erhalten hatten, konnte sich im Laufe der Zeit das Motiv des Urahns herausbilden. Der Urahn wird dann wohl auch als der Gründer der eigenen Sippe aufgefaßt worden sein. Von dort zu dem Motiv des ersten Menschen war es dann kein großer Schritt mehr.

Diese Entwicklung muß bereits in der späten Altsteinzeit (oder noch früher) vor sich gegangen sein, da sie sich sowohl bei den Chinesen als auch bei den Vorfahren der nostratischen Völker in Mesopotamien findet.

II 22. b)   späte Altsteinzeit

- 50.000 v.Chr. – 10.000 v.Chr. -

Erdmutter

Durch den Vergleich der Mythen der nostratischen Völker mit denen der Indianer zeigt sich, daß es in der späten Altsteinzeit, d.h. bei den borealischen Völkern die Vorstellung gegeben hat, daß die Welt der Leib der Große Mutter ist. Diese beiden Motiven könnten jedoch auch Parallelbildungen sein.

Urriese

Offenbar ist in der späten Altsteinzeit (oder früher) das Motiv des „ersten Menschen" zu dem Motiv des „Erd-Mannes", d.h. des Urriesen, der die ganze Welt darstellt, ausgeweitet worden – da sich dieses Motiv bei den nostratischen Völkern und bei den Chinesen findet. Bei den Indianern ist die Erde kein Mensch, sondern eine Schildkröte oder ein ähnliches Wassertier, daß Erde auf seinem Rücken trägt. Da es dieses Tier-Motiv auch bei den nostratischen Völkern und in ansatzweise auch in China gibt, könnte es sein, daß das Motiv der „Tier-Erde" älter ist als das Motiv der „Mann-Erde".

Die Beschreibung des Großen mit Beispielen aus dem Kleinen („Analogie und Megalisierung") ist ein typisches Merkmal der Denkweise der späten Altsteinzeit und der Jungsteinzeit.

Anscheinend hat sich in Amerika das ältere Tier/Erde-Gleichnis halten können, während sich in Eurasien das neuere Mensch/Erde-Gleichnis, also das Urriesen-Motiv, durchgesetzt hat.

Der Urriese wird in China (Pan Gu) als in Felle gekleidet dargestellt, was ein Merkmal von Jägerkulturen ist. Dies ist ein Hinweis darauf, daß der Urriese aus der späten Altsteinzeit (oder früher) stammt.

Jäger

Die Zerstückelung des Urriesen, aus dessen Teilen dann die Welt erschaffen worden ist, ist ein Motiv, das für die Menschen, die in der späten Altsteinzeit hauptsächlich von der Jagd gelebt haben, ausgesprochen naheliegend gewesen ist.

Die in den Mythen der verschiedenen Völker weitgehend übereinstimmenden Zuordnungen sind: Schädel = Himmel; Blut = Meer; Augen = Sonnen und Mond; sowie Haare = Bäume.

Aufgrund der Zerstückelung der Toten beim Kannibalismus und beim Abtrennen, Reinigen und Aufbewahren des Totenschädels veränderte sich die Mythe des Urwesens in einem wesentlichen Punkt: Während die Große Mutter als Welt ein heiles, ganzes lebendes Wesen war, das überall präsent war, war der Urriese ein Toter, dessen zerstückelte Teile die Welt bildeten.

Die Muttergöttin

Die Große Mutter erscheint in den Höhlenmalereien und Gravuren der späten Altsteinzeit als Göttin mit zwei Oberkörpern (Jungsteinzeit: zweifache Göttin, Göttin mit zwei Köpfen oder zwei Gesichtern) und als mit einem erhobenen Arm und einem gesenkten Arm (später: die Geste des Magier im Tarot und des Priesters in der Christengemeinschaft).

Die Große Mutter ist die Göttin des Diesseits und des Jenseits, die Mutter des Leibes und der Seele, sie ist die Mutter der Lebenden und die Mutter der Toten.

Große Mutter und Urriese

Der Urriese ist in den überlieferten Mythen nicht einfach von Anfang an da, sondern wird von der Kuhgöttin aus dem Eis geleckt (Ymir), taucht als Insel aus dem Urmeer auf (Atum) oder entsteht im Tao (Pan Gu). Die Kuh, das Urmeer und das Tao scheinen Bilder für die Große Mutter zu sein und das Auftauchen o.ä. des Urriesen selber ist seine Geburt.

Der „Holz-Mann"

Die Erschaffung der ersten Menschen aus zwei Baumstämmen ist ein weit verbreitetes Motiv. Dieses Schnitzen des ersten Menschen aus einem Holzstamm ist deutlich älter als 30.000 Jahre – dieses Motiv wird in etwa so alt sein wie der erste Totempfahl.

<u>Der „Lehm-Mann"</u>

Die Erschaffung des ersten Menschen aus Lehm ist sehr recht sicher nicht älter als die Erfindung der Töpferei, d.h. ca. 27.000 Jahre.

II 22. c) Jungsteinzeit

- 10.000 v.Chr. – 3.250 v.Chr. -

<u>Die Erdgöttin</u>

Die Erdgöttinnen wie Gaia oder wie die Göttin Pacha Mama der Inkas sind nicht die Erde als Urmutter, sondern nur die Erde im Gegensatz zum Himmel. Diese Erdgöttin repräsentiert nicht wie der Urriese die ganze Welt, sondern nur einen Teil von ihr – so wie auch die Gottheiten der Luft, der Sonne, des Mond usw.

<u>Leib und Seele</u>

Neben der zweifachen Göttin erscheint nun manchmal auch der Schamanen-Gott mit zwei Gesichtern (ägyptischer Jenseitsfährmann, römischer Janus).

Etwas abstrakter erscheinen das Diesseits/Leib und das Jenseits/Bewußtsein/Seele als Yin und Yang.

Aus dem Totempfahl (Stamm = Leib; Vogel = Seele) wurden die beiden großen „Zwillings-Pfeiler" in der Mitte der Tempel von Göbekli Tepe, die beiden großen Menhire in den Steinkreisen, die beiden Urriesen, die beiden Säulen als Jenseitstor und die beiden Türme am Eingang der Tempeln (später auch die beiden Kirchtürme) und die beiden zwei Brüder, die die Welt erschaffen.

<u>Die Himmelssäule</u>

Der Totempfahl konnte nicht nur das Urbild für „Leib und Seele" und somit auch das Urbild des Menschen (Urmensch, Urriese) sein, sondern als Element in dem damaligen Weltbild auch eine Säule in der Mitte der Welt, die den Himmel stützt und zugleich der Weg zwischen dem Erd-Diesseits der Menschen und dem Himmels-Jenseits der Seelenvögel ist. Diese Himmelssäule konnte auch ein Baum oder ein

Berg sein.

Der Urriese kann folglich auch als Himmelsäule und Himmelsträger und somit auch als Jenseitsweg erscheinen.

Aus statischen Gründen wurde diese eine zentrale Himmelssäule in mehreren Mythologien in vier Himmelssäulen am Rand der Welt in den vier Himmelsrichtungen umgewandelt.

Der Erdgott

Der Erdgott ist wie die Erdgöttin nur „der untere Teil der Welt", während der Urriese die gesamte Welt ist. Daher steht der Urriese alleine da – vor ihm gibt es meistens nur noch das Urwasser als eher abstrakte Form der Urgöttin. Der Erdgott ist hingegen als Gott eines Teiles der Welt ein Gott in einer Gruppe von Göttern, zu denen auch noch die Gottheiten des Himmels, der Luft, des Wasser, der Sonne, des Mondes usw. gehören.

Der Totengott

Der Totengott ist nur in wenigen Fällen aus dem Urriesen heraus entstanden. Diese Form der Weiterentwicklung des „Erd-Mannes" findet sich lediglich den Indern (Yama, Purusha) und bei den Hethitern und Hurritern (Upelluri).

Der erste König

Es lag zwar nahe, den Urriesen bzw. den ersten Menschen auch als den „ersten König" anzusehen, aber da das Königtum erst sehr spät entstanden ist, ist dieses Motiv sehr selten und findet sich in expliziter Form nur bei den Persern.

Der Götterkönig-Urriese

Die Germanen haben den Urriesen Ymir dem Sonnengott-Göttervater Tyr, also dem „Götterkönig" gleichgesetzt. Dies ist eine recht späte Entwicklung (vermutlich um 500 n.Chr.).

Die Erschaffung des ersten Menschen

Dies wird manchmal als Onanieren des Urriesen (Ymir, Atum) und Verschlucken seines eigenen Samens beschrieben (Atum), manchmal als Töpfern aus Lehm (Chnum) oder als Formen aus Lehm.

Dies sind handwerklich-magische Erklärung für die Entstehung der ersten Menschen, die vermutlich recht jung sind.

Aus der Größe des Ersten Menschen (Urriese) und der Kleinheit der Menschen hat sich die Generationenfolge „Urriese – Riesen – Götter – Menschen" ergeben, die sich insbesondere bei den Germanen und den Griechen sehr deutlich erhalten hat. Die Götter sind in diesem Zusammenhang so etwas wie „besonders mächtige Ahnen":

II 22. d)   Königtum

- 3.250 v.Chr. – 1500 n.Chr. -

Die Erschaffung der Menschen

In den monotheistischen Religionen der Epoche des Königtums wird der Mensch natürlich durch den Einen Gott erschaffen (Adam).

Die Grundstruktur der Welt

Das Motiv des Urriesen wurde in dieser Epoche systematischer betrachtet und zum Ideal des Menschen weiterentwickelt und hat notwendigerweise viele Verbindungen zu anderen Themen. Diese Systematisierung findet sich bei Adam Kadmon, im Ba Gua, im Vashtu Purusha und ansatzweise auch bei Pan Gu.

II 22. e)   Materialismus

- 1500 n.Chr. – 1950 n.Chr. -

In dieser Epoche hat der Urriese so gut wie keine eine Rolle gespielt. Das Bild der gesamten Welt wurde stattdessen durch die Physik, die Geographie, die Astronomie, das Periodensystem der Elemente u.ä. beschrieben.

Als interessantes Element kam gegen Ende dieser Epoche die Psychologie hinzu, die das Innere des Menschen erforscht hat.

II 22. f) Globalisierung

- 1950 n.Chr. – heute -

Das kollektive Unterbewußtsein

Die weitgehende Identität des Urriesen mit dem kollektiven Unterbewußtsein eröffnet viele neue Forschungsmöglichkeiten und läßt auch Möglichkeiten ahnen, wie der Urriese in der Magie, der Meditation und der Heilung hilfreich sein könnte. Ein Beispiel dafür ist die Lebenskraft-Nabelschnur des Menschen zur Erde, die auch die Verbindung vom individuellen Unterbewußtsein zum kollektiven Unterbewußtsein ist.

Die innere Struktur des Urriesen

Der Urriese trägt in sich wie jedes Lebewesen die sieben Hauptchakren. Diese senkrechte Achse dieser sieben Chakren entspricht dem Totempfahl, der Weltensäule, dem Weltenbaum, der Mittleren Säule des kabbalistischen Lebensbaums, dem ägyptischen Djed und dem Vajra.

Der Urriese ist (als Pan Gu) aus der Begegnung von Yin (Seele/Bewußtsein) und Yang (Körper) entstanden.

Er trägt in sich als Gliederung nicht nur die Chakren, sondern auch das Ba Gua und das ihm entsprechende Vashtu Purusha, den Vajra sowie den kabbalistischen Lebensbaum.

Die vier möglichen Achsen im Ba Gua bzw. im Vashtu Purusha zeigen die vier Grundhaltungen: die Erwecken der Kundalini (links unten nach rechts oben), das Herabrufen des Lichtes (links oben nach rechts unten), das Ruhen im Hier und Jetzt (senkrecht) sowie die Weiterentwicklung (waagerecht).

Die Götter und Göttinnen entsprechen den einzelnen Körperteilen des Urriesen – der Sonnengott z.B. dem Herzen bzw. dem Herzchakra.

Der Urriese ist das kollektive Unterbewußtsein der Menschen. Die kollektiven Unterbewußtseine der Menschen, der Tiere, der Pflanzen, der Pilze und der Steine ergeben zusammen das kollektive Unterbewußtsein der gesamten Erde. Dieses

Gesamtbewußtsein kann man sowohl als den Urriesen als auch als die Erdgöttin Gaia auffassen.

Die Lebenskraft-Verbindung von der Erde zum Wurzelchakra eines einzelnen Menschen ist die die Verbindung vom kollektiven Unterbewußtsein der Menschen zum individuellen Unterbewußtsein eines einzelnen Menschen: Sie ist die Lebenskraft-Nabelschnur des Menschen zum Urriesen.

Eine zweite solche Nabelschnur verbindet den Menschen nach oben hin mit der Sonne.

Mann oder Frau?

Der Urmensch, Urriese, Urgott, „Erd-Mann" und „Erdling" ist eindeutig ein Mann. Daher stellt sich die Frage, wie man dieses Motiv am sinnvollsten weiterentwickeln kann, damit es in gleicher Weise für Männer und Frauen paßt.

III   Die Erforschung des Urriesen

Da es in diesem Bereich meines Wissens noch keine Forschungen gibt, ist alles, was nun folgt, sozusagen Pionierarbeit, also eine erste Erkundung und erste Vermutungen sowie erste Anwendungsvorschläge der dabei entstehenden Erkenntnisse.

Dabei bilden die Geschichte des Urriesen und seine verschiedenen religionshistorischen Aspekte, die in dem Kapitel II dieses Buches betrachtet worden sind, zusammen mit den bisherigen Erfahrungen mit der Magie, der Meditation und der Heilung den Ausgangspunkt für diese Forschungen.

III 1.   Der Lebenskraftkörper des Urriesen

Der Lebenskraftkörper des Menschen hat eine sehr differenzierte Struktur. Seine „Organe" sind die Chakren, sein „Herz" ist das Herzchakra, seine „Adern" sind die Nadis und die Akupunkturmeridiane, sein „Blutkreislauf" ist die Konvektionsstömung vom Herzchakra zum Wurzelchakra und zum Scheitelchakra und wieder zurück, sein „Verdauungssystem" ist die Sushumna sowie Ida und Pingala, durch die die Lebenskraft der Erde von unten nach oben durchfließt, und durch die die Lebenskraft der Sonne von oben nach unten hin durchfließt, usw.

Es wäre daher interessant zu schauen, ob auch der Lebenskraftkörper des Urriesen diese Strukturen aufweist.

III 1. a)   Kraftorte

Die Kraftorte könnten den Chakren und den Akupunkturpunkten entsprechen. Das ist jedoch zunächst einmal noch recht fraglich, da diese Kraftorte sehr unregelmäßig auf der Erde verteilt sind, während die sieben Hauptchakren auf einer senkrechten Linie (Sushumna) liegen und die Akupunkturpunkte sich auf $2 \cdot 3 = 6$ Akupunkturmeridiane auf der linken Vorderseite des Körpers befinden, weitere $2 \cdot 3 = 6$ Meridiane auf der linken Rückseite des Körpers (zusammen 12) sowie dieselben noch einmal auf der rechten Seite des Körpers (insgesamt also $2 \cdot 12 = 24$). Diese $2 \cdot 12 = 24$ Akupunkturmeridiane entsprechen nicht nur von ihrer Anzahl her, sondern auch von ihren Qualitäten her weitgehend dem Tierkreis.

Die „Lebenskraft-Punkte" auf dem menschlichen Körper sind symmetrsich geordnet, während die Kraftorte der Erde unregelmäßig verteilt sind.

III 1. b) Leylines

Die Leylines sind Verbindungslinien zwischen Kraftorten. Falls die Kraftorte den Akupunkturpunkten entsprechen sollten, würden die Leylines den Akupunkturmeridianen entsprechen.

III 1. c) Die Erdachse

Das Herzchakra der Erde sollte sich im Zentrum der Erde befinden. Dies müßte folglich ihr glühender, flüssiger Eisen/Nickel-Kern sein.

Beim Menschen strahlt das Herzchakra nach oben und unten hin und läßt dadurch die Sushumna entstehen, also den zentralen Lebenskraftkanal, an dem die sieben Hauptchakren sitzen. Die Erdachse ist also die Sushumna der Erde.

Die Erde enthält viele Ionen, also elektrisch geladene Atome. Wenn sich elektrisch geladene Teilchen bewegen, entsteht ein Magnetfeld. Wenn diese Bewegung eine Rotation um eine Achse ist, entsteht ein gebündeltes Magnetfeld, daß an diesen Achsen austritt – so entstehen der magnetische Nordpol und der Südpol der Erde. Dieses Magnetfeld wird u.a. als Polarlicht sichtbar, wenn von der Sonne kommende Ionen auf ihn treffen.

Man sollte aufgrund dieser Analogie vermuten, daß sich die Punkte der Erde, die den sieben Hauptchakren entsprechen, auf der Erdachse befinden. Das Herzchakra ist in dem Zentrum der Erde: ihr glühender Eisen/Nickel-Kern. Die Lage der $2 \cdot 3 = 6$ äußeren Chakren ist nicht so offensichtlich.

Man kann zur Erleichterung des Auffindens der Chakren in der Erde die Gliederung der Sonne und ihres Umraumes entsprechend der Chakren heranziehen:

- Die Sonne selber entspricht dem Herzchakra.

- In Bezug auf den Umraum der Sonne entspricht der (im Idealfall) ungehinderte Selbstausdruck des Sonnengeflechts und des Halschakras dem Sonnenwind, also dem Bereich, in dem die Sonne ungehindert Licht und Ionen ausstrahlt.

- Die Form und die Grenze, die die Qualität des Haras und des Dritten Auges sind, entsprechen der Stoßfront – das ist der feine Staub des Weltalls, den die Sonne durch ihren Sonnenwind inzwischen bis jenseits der Plutobahn fortgeschoben hat.

- Der Kontakt, der dem Wurzelchakra und dem Scheitelchakra entsprechen, finden sich als die Bugwelle vor der Stoßfront wieder, die entsteht, weil sich die Stoßfront immer weiter ausdehnt und den Sternenstaub wie ein Schiff vor sich herschiebt.

Da die Erde nicht wie die Sonne glüht und strahlt, hat sie nicht denselben Umraum wie eine Sonne – die drei Bereiche, in denen die drei Chakrenpaare liegen, müssen also anders definiert sein:

> - Das herzchakra ist der glühende Eisen/Nickel-Kern.

> - Der selbstbestimmte Bereich (Sonnengeflecht und Halschakra) könnte das glühende Magma rings um den Eisen/Nickel-Kern sein, das aufsteigt und wieder zurücksinkt (und dadurch die Kontinentaldrift verursacht).

> - Der Grenzbereich (Hara und Drittes Auge) wären dann die Erdkruste.

> - Der Kontaktbereich nach außen hin wäre dann die Erdoberfläche mit den Meeren und der Atmosphäre (Wurzelchakra und Scheitelchakra).

Wenn diese Analogie so richtig ist, wäre der Eisen/Nickel-Kern das Herzchakra der Erde; das Sonnengeflecht und das Halschakra der Erde lägen in dem Magma-Bereich im Süden und im Norden des Eisen/Nickel-Kernes auf der Erdachse; das Hara und das Dritte Auge der Erde würden dann in der Erdkruste im Süden und im Norden auf der Erdachse liegen; und das Wurzelchakra und das Scheitelchakra wären dann in der Atmosphäre über dem Nordpol und über dem Südpol zu finden. Das Polarlicht wäre dann sozusagen diese beiden leuchtenden Chakren, also das Wurzelchakra der Erde und das Scheitelchakra der Erde.

Ein Teil der Kraftorte der Erde sind die Vulkane, also die Orte, an denen das Magma der Erde als Lava an die Oberfläche dringt. Das würde gut als materielle Analogie zu der aufsteigenden Lebenskraft passen.

III 1. d)   Der Zodiak und der Superstring

Ein Mensch hat ein Horoskop – und ebenso alle Tiere und Pflanzen und alle Unternehmen, Staaten u.ä.

Die Erde ist von dem Tierkreis umgeben, dessen vier Eckpunkte die Winter- und die Sommersonnenwenden sowie die Frühlings- und die Herbsttagundnachtgleichen sind.

Auch die Superstrings, also (vereinfacht gesagt) die kleinsten Teilchen in der Physik sind wie der Tierkreis zwölfgeteilte Kreise.

Man kann zumindestens also zumindestens sagen, daß sowohl der Mensch als auch die Erde vom Tierkreis und somit auch von der Astrologie geprägt sind – auch wenn sich das für die Erde zunächst einmal nicht differenzierter beschreiben läßt.

III 1. e)   Die Behandlung des Lebenskraftkörpers der Erde

Es gibt die Möglichkeit, durch Lebenskraft auf die Chakren und die Akupunkturpunkte des Menschen einzuwirken: Akupunktur, Akupressur, Imagination, Meditation, Magie u.ä.

Auch einen Ort kann man im Prinzip durch dieselben Methoden prägen, also durch Imagination, Verändern der physischen Gegebenheiten und allgemein durch Magie: Ba Gua, Vashtu Purusha, Rituale, energetisches Feng Shui usw.

Zusammenfassung: Der Lebenskraftkörper der Erde

Sowohl ein Mensch als auch die Erde haben dieselben Lebenskraft-Strukturen – das paßt zu der Auffassung der Erde als eines menschengestalteten Riesen.

Zudem paßt diese Übereinstimmung auch zu dem Bild des Urriesen mit den in ihm leuchtenden Chakren und Akupunkturpunkten und Akupunturmeridianen aus meiner Traumreise, die im ersten Kapitel dieses Buches wiedergeben ist.

III 2. Die Lebenskraft

Da in diesem Buch schon des öfteren von der Lebenskraft die Rede gewesen ist, liegt es nahe, einmal genauer zu beschreiben, was diese Lebenskraft eigentlich ist.

Zunächst einmal gibt es die Materie einschließlich der Energie, also die physische Seite der Welt. Dann gibt es auch das Bewußtsein, also die Innenseite der Welt, deren Außenseite die Materie ist.

Materie und Bewußtsein wirken offensichtlich aufeinander – Wahrnehmungen sind bewußt und Entschlüsse können in die Tat umgesetzt werden. Materie und Bewußtsein können also nicht voneinander isoliert sein.

Die einfachste und zudem widerspruchsfreie Definition der Lebenskraft ist, daß sie der Übergang zwischen Materie und Bewußtsein ist – der vom Bewußtsein aus wahrgenommen wird.

Diesem Modell liegt offensichtlich die Vorstellung zugrunde, daß es kein Bewußtsein ohne Materie und keine Materie ohne Bewußtsein gibt.[6] Daraus ergibt sich, daß auch die Erde ein Bewußtsein hat.

Da die Erde jedoch kein Gehirn hat und in physischer Hinsicht völlig anders aufgebaut ist als ein Mensch, kann man davon ausgehen, daß die Inhalte des Bewußtseins der Erde anders sind als die eines Menschen. Andererseits hat sie jedoch wie ein Mensch die sieben Chakren und möglicherweise auch so etwas wie Akupunkturpunkte und Akupunkturmeridiane, was vermuten läßt, daß es auch Übereinstimmungen im Bewußtsein der Erde mit dem Bewußtsein eines Menschen gibt.

Diese Überlegungen zeigen zumindest, daß es durchaus sinnvoll sein könnte, die Erde als einen Urriesen zu betrachten.

Da die Erde keinen Mund und keine Ohren hat, ist der Kontakt mit der Erde für einen Menschen nur über Telepathie möglich, also über einen „Lebenskraft-Kontakt". Da die Chakren die Organe des Lebenskraftkörpers sind und der Kontakt zwischen Menschen und Erde über die Lebenskraft läuft, haben Mensch und Erde zumindestens schon einmal dieselben „telepathischen Sender" und „telepathischen Empfänger" – eben das Chakrensystem. Das läßt hoffen, daß eine Kommunikation und Verständigung zwischen Mensch und Erde, d.h. zwischen Mensch und Urriese möglich ist.

Die Lebenskraft-Nabelschnur zwischen Mensch und Erde, die bei der Erweckung der Kundalini deutlich wird, ist ein Aspekt dieser Verbindung und Kommunikation zwischen Mensch und Erde – und somit auch zwischen pserönlichem Unterbewußtsein und kollektivem Unterbewußtsein.

---

6 Eine ausführliche Betrachtung dieses Themas findet sich in meinem Buch „Lebenskraft für Anfänger".

III 3. Die Symbolik der Zerstückelung

Die Symbolik der Zerstückelung des Urriesen hat sich aus der Lebensweise der Menschen in der Altsteinzeit ergeben: Als Jäger haben sie die erlegten Tiere zerstückelt, ihr Fleisch gegessen, aus ihren Fellen Kleidung gemacht, aus ihren Knochen Wertzeuge gefertigt, ihre Sehnen als Bogensehnen benutzt usw. Es lag daher nahe, die Teile der Welt mit den Körperteilen eines Tieres (oder des Urmenschen) zu vergleichen.

Diese Symbolik findet sich bei den beiden Urriesen Ymir, Purusha und Pan Gu. Eine solche Zerstückelung findet sich dann ab der Jungsteinzeit auch bei den Korngöttern wie Osiris – das Ernten des Getreides wurde als Zerstückelung des Korngottes angesehen.

Noch später ist diese Symbolik auch von den Alchemisten verwendet worden, deren Leitspruch „solve et coagula" gewesen ist, also „lösen und binden". Damit ist gemeint, daß eine Verwandlung darin besteht, daß man die Elemente, aus der eine alte Form besteht, voneinander trennt und diese Elemente dann in einer neuen Form wieder zusammensetzt.

In diesem Sinne kann man auch Heilungen als ein „solve et coagula" auffassen: Erst gibt es den Zustand der Gesundheit, der dann durch eine Störung der Elemente des gesunden Körpers in den Zustand der Erkrankung gerät und schließlich durch passende Maßnahmen zu einer Heilung angeregt wird und dadurch in den heilen Zustand zurückkehrt.

Zunächst einmal läßt sich die Symbolik der Zerstückelung des Urriesen nur in der Form dieser Heilungs-Dynamik nutzen.

III 4.   Der Fluß der Lebenskraft im Menschen

Es gibt mehrere Dynamiken, die den Fluß der Lebenskraft im menschlichen Körper prägen. Aus der genaueren Betrachtung dieser Dynamiken könnten sich möglicherweise neue Erkenntnisse für das Verhältnis des Menschen zu dem Urriesen ergeben.

III 4. a)   Herzchakra und Kundalini

Diese beiden System, die die Bewegungen der Lebenskraft im Menschen prägen, sind bereits ansatzweise besprochen worden:

- Das Herzchakra setzt eine Konvektionsströmung in Gang: vom Herzchakra zum Wurzelchakra und zum Scheitelchakra hin als Handlungsimpulse und von diesen beiden äußeren Chakren zum Herzchakra hin als Verarbeitung von Wahrnehmungen. Dies entspricht dem Blutkreislauf, also dem System der körpereigenen Stoffe.
Im Herzchakra liegt die Identität eines Menschen – es ist daher das Zentrum des Menschen.

- Die Kundalini ist eine durchfließende Strömung: Sie tritt am Wurzelchakra in den Körper ein, fließt dann zum Scheitelchakra empor und tritt dort auch wieder aus. Dies entspricht dem Verdauungstrakt, also dem System der körperfremden Stoffe.
Das Wurzelchakra ist von seiner Funktion her der physische Kontakt des Menschen zur Welt. Das paßt dazu, daß hier die Lebenskraft der Erde aufgenommen wird – und nicht wie im Herzchakra etwas strahlt.

III 4. b)   Sonne und Erde

Neben der Lebenskraft, die von unten her durch das Wurzelchakra in den Menschen fließt, gibt es auch noch die Lebenskraft, die von oben her durch das Scheitelchakra in den Menschen fließt. Das Scheitelchakra ist wie das Wurzelchakra ein Kontaktchakra – es ist für den geistigen Kontakt zur Welt zuständig.

Sowohl die Erde als auch die Sonne strahlen Lebenskraft aus – wenn auch mit verschiedener Intensität. Das bedeutet, daß man die Lebenskraft der Erde nicht in sich „emporsaugen" muß, sondern daß man nur zuzulassen braucht, daß diese Lebenskraft durch das eigene Wurzelchakra emporsteigt. Dasselbe gilt auch für die Sonne: Man muß ihre Lebenskraft nicht „herbeiziehen", sondern kann sie in sich herabfließen lassen. Es kann in Meditationen und in der Magie allerdings hilfreich sein, anfangs diese beiden Formen der Lebenskraft „emporzusaugen", bzw. „herabzuziehen", um die eigenen Blockaden gegen das Aufnehmen dieser Lebenskraft aufzulösen.

Diese beiden Vorgänge sind durchaus gut bekannt:

- Wenn man in Streß oder Panik geraten ist oder auf sonst eine Weise den inneren Halt verloren hat, ist es eine wirkungsvoll Erste Hilfe, sich mit dem Rücken auf eine Wiese, den Waldboden, einen Sandstrand o.ä. zu legen.

Eine vorbeugende Maßnahme ist, ab und zu barfuß durch die Natur zu laufen, d.h. nicht über Asphalt oder Beton, sondern über eine Wiese, Waldboden, Sand o.ä.

Diese beiden Dinge stellen recht schnell die Verbindung zur Erde wieder her und geben wieder einen Halt, sodaß die Unruhe, der Streß und die Panik wieder weniger werden und schließlich wieder eine innere Ruhe und Gelassenheit einkehrt, die völlig unabhängig davon ist, ob man das Problem, das diese Unruhe verursacht hat, gelöst hat oder nicht.

Die Fußchakren (Barfußlaufen) sind wie das Wurzelchakra Kontaktchakren.

- Wenn man sich kraftlos, orientierungslos, mutlos, depressiv oder etwas anderes in dieser Art fühlt, hilft es, sich der Sonne zu öffnen. Das ist recht einfach: Man wendet sich der Sonne zu, blickt zu ihr und hält ihr seine Handflächen entgegen.

Das kann man entweder mit einer anrufenden Geste tun (Arme schräg nach vorne emporheben, die Hände nach oben winkeln, Handflächen nach vorn) oder, was wesentlich unauffälliger ist, einfach die Arme herabhängen lassen, aber die Handflächen nach vorne in die Richtung der Sonne drehen.

Man sollte dabei aber nur bei Sonnenaufgang oder bei Sonnenuntergang direkt in die Sonne schauen, da man sonst die eigenen Augen schädigen könnte.

Mit dieser Haltung ist es einfach, die Handchakren zu spüren und evtl. auch das Scheitelchakra. Die Handchakren und auch die Fußchakren sind wie das Wurzelchakra und wie das Scheitelchakra Kontaktchakren.

Die Wirkung dieses „Sonnen-Kontaktes" ist die Stärkung der Selbstsicherheit und des Mutes.

Die Erde gibt einen äußeren Halt – die Sonne gibt einen inneren Halt; die Erde nährt – die Sonne integriert. Das Wurzelchakra und die Fußchakren sind mit der Erde verbunden – das Scheitelchakra und die Handchakren sind mit der Sonne verbunden.

Man kann die „Sonnen-Übung" auch mit dem Mond durchführen. Die Wirkung ist von ihrer Dynamik her sehr ähnlich, aber der Sonnenkontakt ist intensiver und bewirkt eher ein inneres Aufrichten, während der Mond mehr ein Einfügen und Umhüllen bewirkt. Das Scheitelchakra und die Handchakren sind also nicht nur ein Kontakt zur Sonne, sondern ein Tor zu allem, was „oben" ist; Sonne, Mond und Sterne.

III 4. c) „Glut-Amöbe"

Ich selber und mehrere andere Personen haben Traumreisen zu der Mitte der Erde unternommen und sind dort einer „Glut-Amöbe" begegnet, die ungefähr wie ein rotes Blutkörperchen oder wie ein Pantoffeltierchen aussieht, also ungefähr wie eine Linse, die oben eingedellt ist.

rotes Blutkörperchen

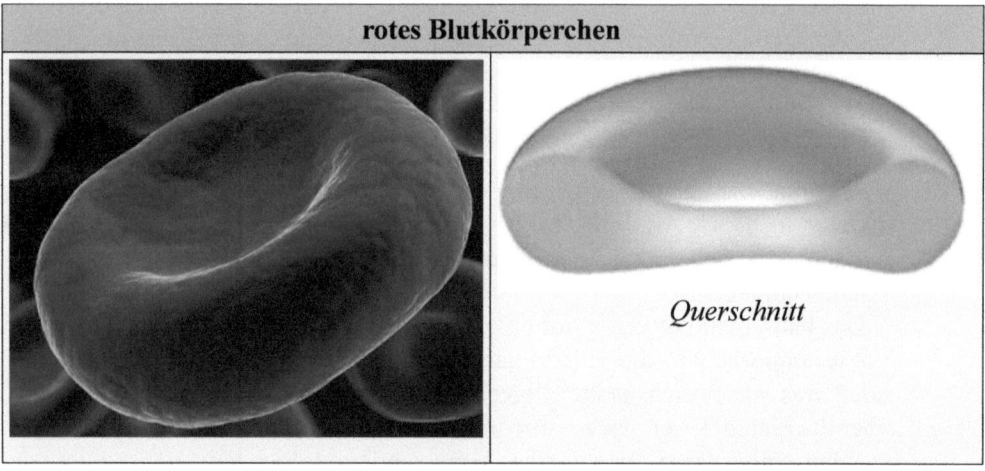

Querschnitt

Diese „Glut-Amöbe" war mehrere Meter groß – allerdings sind konkrete Maße auf Traumreisen sehr schwer zu schätzen, wenn sich neben dem betreffenden Gegenstand nichts befindet, dessen Größe man kennt. Die „Glut-Amöbe" könnte also auch noch größer gewesen sein.

Sie strahlte die intensivste Kraft aus, die ich jemals auf einer Traumreise gesehen habe – was auch andere, die ihr begegnet sind, so erlebt haben.

Auf der Traumreise, auf der ich sie gefunden habe, haben ich und die drei anderen, die mit mir diese Traumreise unternommen haben, nach dem Ursprung von Schlangen oder Drachen gesucht, die in inneren Bildern aufgetreten sind, als ich dreizehn Schlangenringe geschmiedet hatte, mit denen ich dem Wald gegen das Waldsterben helfen wollte. Es besteht also offensichtlich ein Zusammenhang zwischen dieser „Glut-Amöbe" und den Schlangen und Drachen und daher recht sicher auch mit der

Kundalini, die ebenfalls mit diesen Schlangenringen assoziiert worden ist.

Ist das ein Bild des „Herzchakras der Erde"? Und falls ja, warum sieht es so aus? Da dieses Bild in der Erdmitte gefunden worden ist, könnte es ein Bild für das „Herz der Erde" sein.

Die Form selber läßt sich analysieren: Sie ist ein Rotationsellipsoid, d.h. die ist ein Körper, der seine Form beibehält, wenn er um eine seine Achsen rotiert – diese Achse ist bei dem Bild auf der vorigen Seite die senkrechte Achse. Die Hauptmasse liegt in dem Ring. Der Hohlraum in diesem Ring ist durch eine dünne Fläche „bedeckt". Ein Ring ist kein Zentrum, sondern eine Begrenzungslinie. Als Form entspricht diese „Glut-Amöbe" daher eher dem Hara und dem Dritten Auge, die Abgrenzungen und Unterscheidungen darstellen. Als Zentrum und als Herzchakra sollte man eher eine Kugel erwarten – der Eisen/Nickel-Kern der Erde hat auch die Form einer Kugel.

Diese „Glut-Amöbe" hängt somit zwar mit „Erd-Herz" zusammen, weil es sich an dem entsprechenden Ort befindet, aber von seiner eigenen Form her sollte es etwas anderes sein – eher so etwas wie die Ringe des Saturn, der Tierkreis oder ein Super-string.

Diese „Glut-Amöbe" sollte zudem in irgendeiner Weise die Quelle der Kundalini und somit der Symbolik der Schlangen und Drachen sein, da diese „Glut-Amöbe" auf der Suche nach dem Ursprung der Schlangenkraft gefunden worden ist.

III 4. d)   Das kollektive Unterbewußtsein

Aus den bisherigen Betrachtungen hat sich als wichtigstes Erkenntnis ergeben, daß sich das kollektive Unterbewußtsein der Menschen sehr wahrscheinlich in der Erde befindet und daß es ein Teil des Bewußtseins der Erde ist. Dieser Teil des Erd-Bewußtseins ist der Urriese.

Um in den weiteren Betrachtungen Klarheit zu behalten, wird das gesamte kollektive Unterbewußtsein der Erde im folgenden „Gaia" genannt, während das kollektive Unterbewußtsein der Menschen „Urriese" genannt wird.

Gaia enthält folglich das kollektive Unterbewußtsein der Menschen und weiterhin auch die kollektiven Unterbewußtseine der verschiedenen Tierarten, der verschiedenen Pflanzenarten, der verschiedenen Pilzarten, der verschiedenen Steinarten usw. Gaia ist somit das kollektive Unterbewußtsein von allem, was auf der Erde ist und was jemals auf ihr gelebt hat.

Das Kundalini-Yoga zeigt, daß man die Kundalini nicht emporsaugen muß, sondern daß man sie nur durchfließen zu lassen braucht – man muß also nicht arbeiten, sondern nur zulassen.

Oder anders gesagt: Das persönliche Unterbewußtsein eines jeden Menschen ist schon Teil des kollektiven Unterbewußtseins – die Frage der Reichweite der Wahrnehmungen des persönlichen Unterbewußtseins hängt nur davon ab, ob man sich dem kollektiven Unterbewußtsein geöffnet hat.

Dieses „sich dem kollektiven Unterbewußtsein öffnen" ist identisch mit Telepathie: Man öffnet die eigene Wahrnehmung für Dinge, die außerhalb des Bereichs der eigenen physischen Wahrnehmung liegt. Am deutlichsten und vor allem am einfachsten ist dies daran erkennbar, daß fast jeder Mensch spürt, wenn er von hinten angestarrt wird – woraufhin er sich umdreht. Hier wird das Unterbewußtsein des Starrenden mit dem Unterbewußtsein des Angestarrten verbunden – die Grenze zwischen beiden wird aufgelöst und es entsteht ein kleiner gemeinsamer Bereich, der folglich ein Teil des kollektiven Unterbewußtseins ist.

Es wäre sehr interessant zu wissen, wie diese Verbindung zwischen dem Starrenden und dem Angestarrten aussieht. Verläuft sie direkt zwischen dem Sonnengeflecht des einen zu dem Sonnengeflecht des anderen? Oder läuft sie vielleicht über das Wurzelchakra des „Senders" und die Erde zu dem Wurzelchakra des „Empfängers"? Das würde auch einiges über das Verhältnis des einzelnen Menschen zu dem kollektiven Unterbewußtsein aussagen.

Zu der Verortung des kollektiven Unterbewußtseins in der Erde läßt sich noch eine einfache Überlegung anstellen: Wenn wir alle aus der Substanz der Erde entstehen und nach unserem Tod wieder zur Substanz der Erde werden, dann sollten sich die Erinnerungen an unser Leben, aus denen das kollektive Unterbewußtsein zum Teil besteht, auch in der Erde befinden.

Weiterhin sind wir Menschen letztlich Teil der Erde auf der wir leben. Auch wenn wir uns meistens als eigenständig und als „auf der Erde lebend" empfinden, sind wir doch ein Teil der Erde, sozusagen ein Gewächs auf ihrer Oberfläche und letztlich so etwas wie eine Gruppe von stark ausdifferenzierten Zellen ihres Leibes. Von daher ist anzunehmen, daß die Erde ein Gedächtnis hat, in dem sich alles befindet, was jemals auf der Erde geschehen ist.

Von diesem umfassenden Gedächtnis der Erde („Gaia") ist das kollektive Unterbewußtsein der Menschen („Urriese") ein Teil – und von diesem ist wieder unser persönliches Unterbewußtsein ein Teil.

Andere Teile des umfassenden Gedächtnisses der Erde („Gaia") sind die Erinnerungen einer Tierart („Tiermütter"), einer Pflanzenart („Elfen") usw. Diese Erinnerungen einer Art von Lebewesen sind deren kollektives Unterbewußtsein. Sie sind auch das, wozu man durch die Einnahme eines homöopathischen Kügelchens Kontakt aufnimmt – die homöopathischen Kügelchen sind sozusagen eine Telepathie-Hilfe.

Wenn man das persönliche Unterbewußtsein mit dem kollektiven Unterbewußtsein vergleicht, zeigt sich als Unterschied vor allem, daß das persönliche Unterbewußtsein im Normalzustand nach außen hin abgegrenzt ist. Das kollektive Unterbewußtsein ist hingegen zwischen allen Menschen offen („Urriese") oder sogar zu allen Wesen und Dingen auf der Erde hin offen („Gaia").

Das persönliche Unterbewußtsein ist natürlich niemals völlig isoliert von dem kollektiven Unterbewußtsein, da es ein Teil von ihm ist und ständig mehr oder weniger bewußte Telepathie geschieht.

Durch das Erwecken der Kundalini stellt man eine Verbindung zwischen dem persönlichen Unterbewußtsein (der eigene Lebenskraftkörper) und dem kollektiven Unterbewußtsein (Lebenskraftkörper der Erde) her. Da das persönliche Unterbewußtsein normalerweise abgegrenzt ist, aber das kollektive Unterbewußtsein ohne Abgrenzungen ist, ist das Erwecken der Kundalini und somit das Herstellen der Lebenskraft-Nabelschnur zu dem kollektiven Unterbewußtsein auch eine Öffnung des eigenen Unterbewußtseins für den abgrenzungslosen Zustand des kollektiven Unterbewußtsein.

Dieses Erleben des abgrenzungslosen Zustandes ist eines der wichtigsten Dinge, die man durch das Erwecken der Kundalini erreichen kann. Dieser Zustand wird im Buddhismus „Shunyata" und in der Kabbala „Da'ath" genannt – das abgegrenzte, persönliche Unterbewußtsein trägt in der Kabbala den Namen „Yesod".

Dieses Auflösen der Abgrenzungen führt Buddha zufolge zu den vier grenzenlosen Qualitäten eines Erleuchteten: grenzenloser Gleichmut (Gelassenheit), grenzenlose Anteilnahme, grenzenlose Liebe und grenzenlose Freude.

Diese grenzenlose Freude, die in Indien „Ananda" genannt wird, ist ein wesentlicher Punkt im Zusammenhang mit diesen Betrachtungen. Freude entsteht, wenn zwei Dinge miteinander zu schwingen beginnen: wenn man einem Freund begegnet, wenn man einen inneren Widerspruch aufgelöst hat, wenn man ein ersehntes Ziel erreicht hat usw.

Man kann zwei Formen der Freude unterscheiden: die kleine Freude in Yesod und die große Freude in Da'ath. Wenn man einen Teil der eigenen Psyche in die eigene Gesamtpsyche integriert hat, entsteht die kleine „Yesod"-Freude. Wenn man hingegen sich selber in das große Ganze integriert hat, entsteht die große „Da'ath"-Freude.

Bei der kleinen Freude integriert man etwas innerhalb der eigenen Psyche, innerhalb des eigenen Unterbewußtseins, das vorher isoliert gewesen ist. Bei der großen Freude hat man die eigene, vorher isolierte Psyche, also das eigene Unterbewußtsein, in das kollektive Unterbewußtsein integriert.

Der Integrationsvorgang bei der Großen Freude kann zunächst einmal erschreckend sein, weil sich das so anfühlt, als würde man jeden äußeren Halt verlieren – schließlich lösen sich dabei alle Abgrenzungen auf. Doch wenn man sich auf diese Öffnung einlassen kann, dann entsteht die große Freude.

Man sollte sich den Urriesen also lächelnd vorstellen – so wie Buddha oder wie die altägyptischen Statuen …

III 5. e)   Die Anatomie des kollektiven Unterbewußtseins

Wenn das kollektive Unterbewußtsein identisch mit dem Urriesen ist, sollte es in dem kollektiven Unterbewußtsein auch dieselben Strukturen wie in dem Urriesen geben, also die Chakren, den kabbalistischen Lebensbaum, den Tierkreis, das Ba Gua und das Vashtu Purusha.

Möglicherweise werden manche inneren Strukturen des Urriesen noch deutlicher, wenn man sie als die Strukturen des kollektiven Unterbewußtseins auffaßt.

Die Chakren

Die sieben Hauptchakren der Erde und somit des Urriesen sind bereits beschrieben worden: Eisen/Nickel-Kern = Herzchakra; Magma = Sonnengeflecht und Halschakra; Erdrinde = Hara und Drittes Auge; Atmosphäre = Wurzelchakra und Scheitelchakra.

Die Schwierigkeit bei der Übertragung dieser Struktur auf das kollektive Unterbewußtsein ist zunächst einmal, daß man das kollektive Unterbewußtsein nicht wie einen Park besichtigen, untersuchen und beschreiben kann. Es ist daher zunächst einmal unsicher, ob man hier zu konkreten Ergebnissen kommen kann.

Was ist das Herzchakra des kollektiven Unterbewußtseins? Es sollte seine Identität sein, d.h. entweder der Urmensch oder die Erde selber – also der „Erdling". Vermutlich hat auch die „Glut-Amöbe" etwas mit Herzchakra des kollektiven Unterbewußtseins zu tun.

Die Menschen, Tiere und Pflanzen leben auf der Erdoberfläche, in den Gewässern und in dem unteren Bereich der Luft. Da dieser Bereich die obere Schicht der Erdkruste ist, entsprechen die kollektiven Unterbewußtseins der verschiedenen Lebewesen wie die Erdkruste dem Hara und dem Dritten Auge, also der Vielfalt der Formen, die durch diese beiden Chakren verkörpert werden. Man kann somit annehmen, daß sich in der „Hara und Drittes Auge"-Schicht des kollektiven Unterbewußtseins der Erde (Gaia) unter anderem das kollektive Unterbewußtsein der Menschen (Urriese) befindet.

Das Sonnengeflecht und das Halschakra des kollektiven Unterbewußtseins der Erde (Gaia) sollte daher die Schöpfungsimpulse von Gaia enthalten.

Das Wurzelchakra und das Scheitelchakra sollten der Kontakt nach außen, d.h. vor allem zur Sonne sein.

Viele konkrete Ergebnisse sind das zunächst einmal nicht:

120

Die Struktur des kollektiven Unterbewußtseins der Erde (Gaia)		
Chakren	*Erde*	*kollektives Unterbewußtsein*
Herzchakra	Eisen/Nickel-Kern	Identität der Erde
Sonnengeflecht, Halschakra	Magma	Schöpfungsimpuls
Hara, Drittes Auge	Erdrinde	kollektive Unterbewußtseine der Menschen, Tiere, Pflanzen usw.
Wurzelchakra, Scheitelchakra	Atmosphäre	Kontakt nach außen

Man kann sich auch fragen, wie die Chakrenstruktur des kollektiven Unterbewußtseins der Menschen („Urriese") aussieht, doch da es da bislang an Anhaltspunkten für seine inneren Strukturen und Eigenschaften fehlt, ist keine Beschreibung der „Psyche" des Urriesen möglich – außer, daß sie vermutlich seine Geschichte, d.h. die Geschichte der Menschen insgesamt enthält.

Es gibt immerhin ein Element, das sich erkennen läßt: Die Erde strahlt Lebenskraft nach außen, die dann durch das Wurzelchakra in den Menschen fließt. Das Strahlen ist eine Eigenschaft des Sonnengeflechtes und des Halschakras. Diese Schicht der Erde nimmt also Kontakt mit den Menschen auf, die sich folglich in der „Hara und Drittes Auge"-Schicht befinden müssen – was mit den bisherigen Betrachtungen übereinstimmt.

Die vier Schichten der sieben Hauptchakren haben bestimmte Haupteigenschaften sowie einen bestimmten Bewußtseinszustand:

Die Chakren		
Chakren	*Vorgänge*	*Art des Bewußtseins*
Herzchakra	Identität	Tiefschlaf
Sonnengeflecht, Halschakra	Gefühle	Traumzustand (Unterbewußtsein)
Hara, Drittes Auge	Gedanken	Wachen
Wurzelchakra, Scheitelchakra	Wahrnehmungen	Ekstase

Die Erweckung der Kundalini ist in diesem Zusammenhang nicht nur eine Anbindung des Menschen an die Erde, d.h. des persönlichen Unterbewußtseins an das kollektive Unterbewußtsein, sondern auch eine Anbindung der Gedanken an die Gefühle, eine Anbindungen der inneren Strukturen an die inneren Impulse.

Zu dieser Beobachtung paßt es gut, daß man beim Erwecken der Kundalini und ganz allgemein beim Meditieren mit Klarheit und Imaginationen zwar eine gutes Stück weit kommen kann, aber daß man irgendwann jedoch an den Punkt kommt, an dem es ohne intensive Gefühle, ohne eine intensives Verlangen nicht mehr weitergeht. Hier haben Menschen, die von Natur aus sehr emotional sind, einen Vorteil …

Der Lebensbaum

Der Lebensbaum ist eine Struktur, die in allem enthalten ist – folglich sollte auch das kollektive Unterbewußtsein der Menschen (Urriese) und der Erde insgesamt (Gaia) den Lebensbaum als Struktur enthalten. Bei dem Versuch, den Lebensbaum des kollektiven Unterbewußtseins (Gaia oder Urriese) zu erstellen, gibt es dasselbe Problem wie bei dem vorigen Abschnitt über die Chakren: Es sind einfach zu wenige Details bekannt.

Der Tierkreis

Man kann vermuten, daß das kollektive Unterbewußtsein den Tierkreis, also die zwölf Qualitäten der Tierkreiszeichen enthält, aber wie dies konkret aussieht, ist ziemlich unklar.

Die „Glut-Amöbe" ist im Wesentlichen ein Ring – und auch der Tierkreis und ebenso der Superstring ist ein Ring. Sollte es da einen Zusammenhang geben? Ist die „Glut-Amöbe" sozusagen die Erde als Superstring? Das ist jetzt natürlich lediglich eine sehr vage Arbeitshypothese.

Das Ba Gua und das Vashtu Purusha

Diese beiden Systeme sind räumliche Gliederungen einer Fläche und daher nicht dafür geeignet, eine Struktur in dem kollektiven Unterbewußtsein zu beschreiben – das schließlich keine Fläche ist.

III 5.   Traumreisen

Nachdem nun alle Informationen über den Urriesen zusammengetragen und alle zu dem Urriesen gehörenden Phänomene betrachtet worden sind, sind noch etliche Fragen offen geblieben.

Der nächste Schritt ist nun, zu schauen, ob sich mithilfe von Traumreisen weitere Informationen und Zusammenhänge finden lassen, die verifiziert werden können und somit das Verständnis für den Urriesen einen Schritt weiter vertiefen.

III 5. a)   Atum

„Hallo, Atum – ich würde Dich gerne besser kennenlernen.“

„Du kennst mich doch schon.“

„Ehm ... ja?“

„Ja.“

„Aber doch sicherlich nicht wirklich gründlich, oder?“

„Deine Schutzgottheit ist Osiris.“

„Ja – sie ist sozusagen das Meer, von dem meine Seele ein Tropfen ist.“

„Gehe mit Deinem Bewußtsein in Osiris – und dann schaue auf mich.“

„Hm ... ja ... klingt irgendwie logisch und vertraut, auch wenn ich noch nicht weiß, was da jetzt kommt ... ...“

Ich imaginiere mich in der Gestalt des Osiris ...

„Osiris ist Dein Zugang zu mir.“

... ...

Ich schaue als Osiris auf Atum ... Er ist mein Ursprung, er ist mein Vater – obwohl er in der ägyptischen Mythologie eher mein Großvater ist ... Der Erdgott Geb, der Vater des Osiris, fühlt sich an wie Erde im Sinne von Ackerland und von Wüste – Atum fühlt sich an wie die Urinsel, wie das gesamte Land, die gesamte Erde ... Ich gehe auf die Urinsel, die sich aus dem Urmeer erhoben hat – ich bin jetzt also auf Atum ... er hat etwas Organisch-Warmes, das der Erdgott Geb nicht hat ... es ist, als ob die Urinsel atmen würde und als ob sie einen Herzschlag hätte ... sie wärmt mich von unten her, von innen her ... einfach dadurch, daß ich auf ihr bin ... sie macht mich lebendig ... da entsteht ein Lächeln in mir ... ich fühle mich mit Atum verbunden, ich fühle mich wie zuhause ...

Jetzt wächst die Urinsel, hebt sich ein bißchen weiter aus den Wassern empor ... da ist Schilf, Papyrus, Kräuter ... ein paar Wasservögel, Ibisse ... da ist so etwas wie Schöpfungsfreude – das strahlt Atum aus ...

Ich muß immer mehr lächeln – dieses Honigkuchenpferd-Grinsen ...

123

„Atum – gibt es etwas, was Du mir sagen oder zeigen willst?"
„Ich zeige Dir gerade das Wertvollste."
„Dieses Lächeln?"
„Das Lächeln ist die Wirkung."
„Die Verbindung mit Dir? Dieses Gefühl von Geborgenheit bei Dir?"
„Ja ... das ist nah genug an dem, was ich meine."
„Danke!"
... ...
Ich sitze einfach da und und lächle und bin von Freude erfüllt – sowohl in meiner Traumreise als auch in echt ...
„Danke, Atum! Vielen Dank!"
„Bitte."
„Ho!"

Dieses Lächeln habe ich vor eineinhalb Jahren entdeckt – dafür setze ich mich einfach in der Natur an einen Platz, den ich mag und tue nichts, bin einfach da ... nach einer Weile werde ich dann immer ruhiger und fange schließlich an zu lächeln ...

Es gibt einige Orte, an denen das besonders einfach ist, aber eigentlich brauche ich dafür nicht viel ... und wie ich jetzt gesehen habe, genügt es, innerlich zu Atum zu gehen ...

Im Altägyptischen bedeutet der Name „Atum" in etwa „Alles, Vollständiger, Vollender". Alle Götter wurden als aus seinem Fleisch erschaffen angesehen, d.h. sie sind aus seinem Körper heraus entstanden – das Motiv der Zerstückelung des Atum gab es jedoch nicht. Die Götter wurden auch als aus dem Ka (Lebenskraftkörper) des Atum heraus entstanden angesehen.

III 5. b) Adam

„Hallo Adam – magst Du mir etwas sagen oder zeigen, was mir den Urriesen noch deutlicher macht? Ich nehme mal an, daß Du ursprünglich derselbe Erd-Urriese gewesen bist wie Atum – stimmt das?"

„Ja – die Juden haben meinen Namen aus Ägypten mitgebracht."

„Gab es in Mesopotamien nicht einen ähnlichen Urriesen-Namen? Also einen anderen Namen für den Urmenschen, der dieselbe Wurzel wie 'Atum' hat?"

„Schon – aber der hat keine große Rolle gespielt."

„Ist 'Adam Kadmon' eigentlich ein neueres Konzept? Oder gab es die Vorstellung eines heilen und vollkommenen Urmenschen schon immer?"

„Was sollte der erste Mensch anders als vollkommen sein?"

„Hm ... aus mythologischer Sicht gibt das durchaus einen Sinn ... In einem mythologischen Weltbild ist das Erste und Älteste das, woran man sich orientiert, und in einem monotheistischen Weltbild ist alles von Gott erschaffen worden und muß deshalb anfangs vollkommen gewesen sein ...

'Adam Kadmon' bedeutet ja ganz schlicht 'ursprünglicher Mensch' ... er wird auch 'Adam Elyon', d.h. 'höchster Mensch' oder 'Adam Lla'ah', d.h. 'erhabendster, vollkommener Mensch' genannt ...

Aber eigentlich wollte ich gerne von Dir wissen, was Du mir über den Urriesen erzählen kannst."

„Er ist die Verkörperung des Lebensbaumes direkt nach der Schöpfung, die noch in keiner Weise verzerrt oder auf andere Art aus dem heilen Zustand herausgefallen ist."

„In christlicher Terminologie also der Mensch vor dem Sündenfall?"

„Ja – wobei der Sündenfall Quatsch ist ... Es ist wie bei dem 'Narren' im Tarot: Erst ist er rein, aber unerfahren – dann macht er Erfahrungen und massenhaft Fehler und lernt dadurch – und schließlich ist er erfahren und daher der weise Narr. Laß das Konzept von Gesetzen, Bestrafungen, Gehorsam usw. weg – das hindert Dich nur am Leben."

„Ja, das sehe ich auch so ... Kannst Du mir etwas zu dem Urriesen sagen, was ich noch nicht gesehen habe oder was ich bisher übersehen habe?"

„Lebe."

„Ehm ... hm ... ... geht das auch mit ein paar mehr Worten?"

„Was bin ich anderes als das Urbild des menschlichen Lebens?"

„Hm ... das Idealbild?"

„Das auch – aber zunächst einmal bin ich das Bild des Menschen."

„Das Bild des menschlichen Lebens?"

„Wenn Du so willst ..."

„Bei mir fällt noch kein Groschen – kannst Du dem mal nachhelfen?"

„Schau Dich selber an. Was ist Dein Verhältnis zu mir?"

„Ich bin ein konkreter Mensch, Du bist der 'Mensch an sich', das Urbild eines Menschen."

„Und was tust Du?"

„Ich orientiere mich an Dir, Du gibst mir Halt ... und ich bereichere Dich durch das, was ich tue und lebe."

„Das ist doch schon mal ganz gut beschrieben."

„Und Du bist so etwas wie das Archiv aller Menschen – in Dir sind die Erinnerungen an alles, was die Menschen jemals erlebt haben ... hm – bist Du daher auch das, was wir 'Reinkarnations-Erinnerungen' nennen?"

„Du fängst an zu sehen, wer und was ich bin. Ich bin nichts anderes als das, was

ihr Menschen seid. Ich bin die Summe aller Menschen. "

„Bist Du nicht mehr als nur die Summe der Erfahrungen aller Menschen? Wird das alles in Dir nicht auch irgendwie verarbeitet? Gleiches mit Gleichem zusammengestellt, Strukturen in Wiederholungen erkannt, Impulse in dem Ganzen erkannt, die Essenz herausgearbeitet, usw. "

„Jetzt hast Du die Bereiche des Lebensbaumes beschrieben – Yesod bis Tiphareth. "

„Ich weiß ... und gibt es in Dir diese Verarbeitungsstufen all der Erlebnisse der Menschen? "

„Ja – das geschieht im Bewußtsein von selber. Die Menschen heute und alle Menschen, die früher gelebt haben, sind mein 'kollektiver Körper' und ich bin das Bewußtsein in diesem Körper. "

„Das ist anschaulich beschrieben. Bist Du denn nur das kollektive Bewußtsein der Menschheit, also eine Ansammlung von Informationen, die ein wenig sortiert und verarbeitet werden, sodaß daraus Urbilder entstehen? Oder bist Du ein eigenständiges Wesen mit eigenen Impulsen, mit eigenen Absichten? Im ersten Fall wärst Du ein passives, aber gut sortiertes Archiv – im zweiten Fall wärst Du ein aktives, handelndes Wesen, dessen Körper aus den Menschen als den Zellen in diesem Körper bestehen. Das scheint mir eine wesentliche Frage zu sein: Hat das kollektive Unterbewußtsein eigene Absichten und Impulse? "

„Nun – was meinst Du? "

„Puh ... das ist nicht einfach zu sagen ... Deine Absichten und Impulse müßten sich ja eigentlich aus der Summe der Absichten und Impulse aller Menschen ergeben ... und Deine Einsichten müßten sich ebenfalls aus der Summe der Einsichten aller Menschen ergeben ... Wenn das so wäre, müßte es doch auch so etwas wie eine Trägheits-Grenze geben, da sonst jeder Impuls und jede Einsicht sofort die 'Psyche des Urriesen' verändern würde ... Ist diese Trägheits-Grenze, dieser Schwellen-Wert das, was wir 'den 100. Affen' nennen? Also das Phänomen, daß ab einer bestimmten Anzahl von Individuen, die etwas gelernt haben, auf einmal alle Individuen über diese Erfahrung verfügen – und zwar ohne sie gesehen oder von ihr gehört zu haben? "

„Man könnte das auch einfach 'kollektive Telepathie' nennen. "

„Willst Du damit andeuten, daß diese 'kollektive Telepathie' das Prinzip ist, nach dem Du Dich strukturierst? "

„Ja – das ist die Mond-Ebene, die Yesod-Ebene, die assoziative Ebene – so bilden sich in mir Symbole. "

„Und die Symbole setzen sich dann zu Urbildern zusammen und diese bilden dann gemeinsam die Mythen? "

„Ja. "

„Aber damit weiß ich noch immer nicht, ob Du eigene Absichten und Impulse hast ... "

„Dann denk mal weiter nach. "

„Also – die Bilder in Dir stammen alle aus den Erfahrungen der heutigen und der früheren Menschen. Insofern enthältst Du mehr als z.B. meine Psyche, die ja nur ein winziger Teil Deiner Psyche ist ... ein ziemlich winziger Teil Deiner Psyche, wenn man davon ausgeht, daß seit der frühen Altsteinzeit auf der Erde ungefähr 50 Milliarden Menschen gelebt haben ...

Die Frage ist aber eigentlich, ob sich in Dir aus der Verarbeitung der Erfahrungen dieser 50 Milliarden Menschen eine Eigendynamik ergeben hat ... Wie kann man das erkennen? ... In einem einzelnen Menschen ergeben sich aus seinen Erfahrungen Ansichten, Entschlüsse und Absichten ... das sollte dann bei Dir eigentlich auch so sein ... ... Magst Du mal was dazu sagen?"

„Warum beschäftigt Dich diese Frage überhaupt?"

„Nunja, ich möchte Dein Wesen verstehen und damit auch das Wesen des kollektiven Unterbewußtseins, von dem mein eigenes Unterbewußtsein ja ein Teil ist – es ist telepathisch an Dich angekoppelt ..."

„Aber wieso ist das für Dich wichtig?"

„Es ist von Bedeutung für mein Selbstbild ... und es ist ja auch die Frage, wie frei ich eigentlich bin."

„Dann vergleiche mal die beiden Varianten, die Du beschrieben hast: 'Der Urriese hat keine eigenen Impulse' oder 'Der Urriese hat eigene Impulse."

„O.k. ... Also – wenn Du keine eigenen Impulse hast, wird meine Freiheit nicht durch Deine Impulse beeinflußt ... wenn Du eigene Impulse hast, bilden sie den Hintergrund von dem, was ich bin und was ich will – hm, das fühlt sich eigentlich eher nach einem 'aktiven Rückhalt' in Dir an und garnicht wie eine Einschränkung meiner Freiheit durch Dich ... so was ... Also – mir wäre es recht, wenn Du eigene Impulse hättest."

„Sag noch den Gedanken, den Du gerade gehabt hast."

„Ich kenne das so, daß sich die Götter nicht ungefragt in mein Leben einmischen, sondern nur dann, wenn ich mit ihnen verabrede, daß sie das allgemein oder in bestimmten Situationen gerne machen können – dann tun sie es auch. Lediglich meine Seele mischt sich manchmal direkt und ungefragt ein, wenn ich dabei bin, einen großen Fehler zu machen oder in große Gefahr zu geraten. ... Das klingt ja auch so, als ob Du Dich nicht ungefragt in meine Freiheit einmischen würdest – aber als ob ich, wenn ich es will, von Dir weise Ratschläge und vermutlich auch Hilfe erhalten könnte ... und es wäre ja eigentlich ganz praktisch, aus den gut verarbeiteten Erfahrungen von 50 Milliarden Menschen einen Rat zu erhalten ... das beruht dann ja wirklich auf einem soliden Erfahrungsschatz ...

Du hast also eigene Einsichten, Ansichten, Impulse und ähnliches, aber Du mischst Dich nicht ungefragt in das Leben eines einzelnen Menschen ein ... Ist das so richtig?"

„Ja."

„Welche Rolle spielt die Astrologie bei dem Ganzen? Ich nehme mal an, daß Du selber kein Horoskop hast – oder doch? Aber dann müßtest Du ja zu einem bestimmten Zeitpunkt entstanden sein ... aber es gibt ja keinen Zeitpunkt, ab dem man sagen könnte, daß ab diesem Neugeborenen unsere Vorfahren Menschen gewesen sind und vorher nicht ... Du bist also ohne Horoskop ... stimmt das?"

„Ich bin ja auch kein inkarniertes Wesen, sondern euer Gruppen-Bewußtsein – ihr habt als Einzelne Horoskope, aber nicht ich als eure Summe."

„Hm – das muß eine interessante Perspektive sein ... selber kein Horoskop zu haben, aber die Welt aus der Sicht von 50 Milliarden Menschen mit verschiedenen Horoskopen sehen zu können ... Mannomann ... ist das eine Vielfalt ... wie kannst Du das denn nur verarbeiten? Hast Du da bestimmte Prinzipien, nach denen sich das in Dir sortiert? ... Irgendwie sind wir hier gerade ja bei ziemlich 'abgefahrenen' Themen angekommen ... Ziemlich weit ab von dem, worüber man normalerweise nachdenkt ... aber ich hoffe, das ist jetzt nicht 'abgehoben' und hat noch immer Kontakt zur Realität ... ... ich denke schon ... Also – wie verarbeitest Du diese Vielfalt?"

„Ich lasse sie sich verarbeiten."

„Meinst Du damit, daß das eine Eigendynamik hat und Du da garnichts bewußt zu machen brauchst?"

„Ja."

„Klingt plausibel. ... Die erste Verarbeitungsstufe, die dem astrologischen Planeten Mond und der Sephirah Yesod auf dem Lebensbaum entspricht, ist die Assoziation – also Gleiches lagert sich an Gleiches an ... Nach was wird da geschaut? Welche Eigenschaften der Erfahrungen der Menschen müssen gleich sein, damit sie sich aneinanderlagern? Lagern sich alle Mond-Entsprechungen aneinander? Und ebenso alle Merkur-Entsprechungen? Oder alle Erfahrungen, die mit Wut zu tun haben? Oder alles, was mit Essen zu tun hat? Oder alle Mutter-Erfahrungen?"

„Warum 'oder'?"

„Hm – meinst Du, daß es mehrere Ebene der Anlagerung und der Symbol-Bildung gibt? Daß generell alles, was eine gemeinsame Eigenschaft hat, auch gemeinsam ein Symbol bildet, eine telepathische Verbindung zueinander hat? Das wäre elegant ... und vielfältig ... und organisch ... ja, und beeindruckend ... und logisch ...

Es gibt also garnicht das eine Prinzip, nach dem die Dinge miteinander assoziiert werden, sondern alles, was eine Gemeinsamkeit hat, ist auch miteinander assoziiert, durch Telepathie verbunden, bildet ein Symbol ... Das gefällt mir! Das ist elegant! Und es hat etwas Universelles, das völlig unabhängig von den Menschen und ihren Weltbildern ist. Du hast also zumindestens in dieser Hinsicht eine Eigenständigkeit.

Es ist spannend zu erleben, wie das doch recht abstrakte Konzept des 'kollektiven Unterbewußtseins' zunehmend Konturen und Strukturen und eine innere Dynamik bekommt ... und zudem durch das Bild des Urriesen auch aufhört, ein abstraktes Konzept zu sein – und weil Du, Urriese, die Erde bist oder zumindestens ein Teil des

Erd-Bewußtseins (Gaia) bist ... ich brauche nur aus dem Fenster hinaus auf die Wiese zu schauen und schon sehe ich Dich ... Das Konzept des 'kollektiven Unterbewußtseins' hat aufgehört, abstrakt zu sein – es ist greifbar geworden und ich weiß, wo es ist: Es ist immer unter mir, es ist die Erde. Oder: Ich bin in ihm – schließlich gehören die Luft, das Meer und alle Wesen auf der Erde, im Wasser und in der Luft auch zu Gaia, also zu dem Gesamtbewußtsein der Erde.

Hm ... ich glaube, ich brauche noch eine Weile, um Dich, Urriese, und Gaia genau unterscheiden zu können."

"Versuch's doch jetzt einmal."

"O.k. ... also, da ist mein eigenes Unterbewußtsein; das ist Teil des Bewußtseins meiner Sippe; das ist Teil der Deutschen; die sind Teil der Indogermanen; die sind Teil der Menschen und somit des Urriesen; der ist ein Teil der Erde und somit der Gaia; die ist Teil unseres Sonnensystem; das ist wiederum Teil unserer Galaxie; die ist Teil unseres Galaxienhaufens; der ist wiederum Teil unseres Galaxiensuperhaufens; usw. ... Hm – das ist jetzt eigentlich ganz einfach ... das sind konzentrische Kreise mit nach außen hin abnehmendem Verwandtschaftsgrad ... in der Mitte ich, darumherum meine Sippe, dann die Deutschen usw. ...

Hm ... o.k. ... Danke für den Tip!"

"Bitte."

"Ich glaube, das war erst einmal genug für mich. ... Vielen Dank, Adam!"

"Bitte."

"Ho!"

- - -

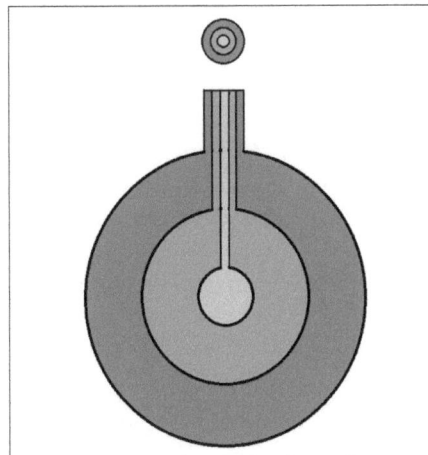

Schema der drei Schichten der aus der Erde aufsteigenden Lebenskraft

"Adam – ich habe noch eine Frage. Ich habe ebne meine Kundalini-Meditation gemacht und dabei hat sich ein neues Bild entwickelt:

Von dem Eisen/Nickel-Kern der Erde steigt ein Lebenskraft-Strahl zu meinem Wurzelchakra empor; wenn er durch die Magma-Schicht, also durch den Erdmantel emporsteigt, hüllt sich eine zweite Schicht um ihn; und wenn dieser zweifache Strahl durch die Erdkruste aufsteigt, hüllt sich eine dritte Schicht um ihn, sodaß ein dreifacher Strahl entsteht.

Mein Eindruck ist, daß die aufsteigende Lebenskraft mir in dieser Form Halt gibt, daß sie stabiler und gleichmäßiger ist und daß sie eine 'tiefere' Qualität hat.

Nach meinem Eindruck gibt der Erdkern-Strahl dem ganzen Tiefe und Identität, die innere 'Magma-Hülle' Intensität und Impulse' und die äußere 'Erdkrusten-Hülle' Vielfalt an Verbindungen und eine gewisse Leichtigkeit und Beweglichkeit.

Ist dieses Bild des dreifachen Strahles, also des Strahles mit zwei Hüllen, so zutreffend?"

„Deine Beschreibung dieses dreifachen Lebenskraft-Strahles entspricht Deiner Beschreibung der drei Bereiche der Erde aus der er entsteht: dem Herzchakra-Bereich in der Mitte, darum dem Sonnengeflecht/Halschakra-Bereich und darum dem Hara/ Drittes Auge-Bereich."

„Ja – daß das in sich logisch ist, habe ich schon gesehen ... aber wie kann ich herausfinden, ob das tatsächlich so ist oder ob ich mir das nur ausgedacht habe?"

„Wenn ich Dir sagen würde, daß das so ist oder daß das nicht so ist, wäre das kein Argument für Dich, weil meine Stimme für Dich aus demselben Bereich kommt wie Deine Wahrnehmung des dreifachen Strahls."

„Ja ... das stimmt wohl ... aber hast Du denn vielleicht einen Vorschlag, wie ich das auf überzeugende Weise überprüfen könnte?"

„Ist der Beweis der Richtigkeit für Dich das Wichtigste?"

„Nein – der praktische Nutzen ist wichtiger."

„Nun – dann probier aus, was dieses Bild in Dir bewirkt, wenn Du es verwendest."

„Ja ... gut ... o.k. ... Das werde ich so machen. Danke!"

„Bitte."

„Ho!"

III 5. c) Yama

„Hallo Yama – warum bist Du zu einem Totengott geworden?"

„Ich bin der Urriese, das kollektive Unterbewußtsein – ich enthalte folglich die Leben aller Menschen – 7 Milliarden Menschen leben heute, 43 Milliarden Menschen haben bereits früher gelebt ... bin ich der Gott der Lebenden oder der Gott der Toten?"

„Das ist logisch argumentiert – aber ist das auch der Grund, warum Du zum Totengott geworden bist?"

„Nein – das bin ich geworden, weil ich der erste Mensch bin ... und der ist inzwischen tot – genauso wie fast alle Generationen von Menschen, die auf ihn gefolgt sind. Ich bin der Urahn und als solcher im Jenseits. Lag es da nicht nahe, mich auch als Totengott anzusehen?"

„Ich höre da so einen kleinen Schalk – und Spaß an logischen Spielen ... Woher

kommt denn das?"

„Nun – das ist Dir doch bei den Indern schon öfters aufgefallen ... Wer sonst wäre denn auf die Idee gekommen, die '108' zur Zahl der Sonne zu erklären? Man muß schon ein arges Faible für abstrakte Gedankenakrobatik haben, um '$1^1 \cdot 2^2 \cdot 3^3 = 108$' für die vollkommene Zahl halten zu können ..."

„Dann denke ich wohl manchmal ziemlich 'indisch', wenn ich solche Zahlensymboliken herausfinde, oder?"

„Du kannst es so nennen, ja."

„Und Du als indischer Totengott hast offenbar auch Spaß an solchen Überlegungen, nicht wahr?"

„Nun – ich bin das kollektive Unterbewußtsein der 1,3 Milliarden Inder, die heute leben, und der 6-7 Milliarden Inder, die schon gelebt haben."

„Hm – das ist jetzt die Ebene der kollektiven Unterbewußtseine der verschiedenen Völker, die dann das gesamte kollektive Unterbewußtsein aller Menschen ergeben ..."

„Dazwischen gibt es noch die kollektiven Unterbewußtseine von Völkergruppen wie den Indogermanen, zu denen ich gehöre, oder den Asiaten oder den Afrikanern oder den Indianern oder den Aborigines."

„Und die haben einen verschiedenen Charakter ... ich sehe schon, daß kollektive Unterbewußtsein ist eine komplexe Angelegenheit ... Das einmal näher zu beschreiben, wäre schon spannend ... wobei man da aufpassen muß, daß man da nicht als 'völkischer Rechts-Außen' eingestuft wird, wenn man die verschiedenen Mentalitäten beschreibt. Aber das wäre dann ja keine Bewertung, sondern einfach ein Erkennen von generellen Unterschieden ... hm ... aber das versuche ich nicht jetzt ...

Gibt es da noch etwas, was Du mir sagen oder zeigen könntest?"

Ich sehe etwas in der Unterwelt – was ist das? ... Ein Raum ... viereckig, annähernd quadratisch ... asymmetrisch angeordnete Durchgänge in alle vier Richtungen ... das sieht alles aus wie aus Lehmboden herausgestochen ... in einem der Winkel dieses quadratischen Raumes, ich glaube, es ist der Nordwesten, ist ein Podest mit quadratischer Grundfläche – das ist halb so hoch wie breit und lang ...

Komischer Raum – das ist weder ein Tempel noch ein Hügelgrab und auch keine Höhlen-Bestattungsanlage wie die aus der mittleren Jungsteinzeit auf Malta ...

Auf dem Podest steht etwas Dunkles ... schwarzer Stein? ... es fühlt sich organischer an als Stein, auch wenn es wie Stein aussieht ... das muß eine Art Statue sein, obwohl es für eine Statue erstaunlich niedrig und erstaunlich breit ist ...

„Wer bist Du, Statue?"

„Na, ich bin es – Yama."

„Ich wußte nicht, daß es von Dir alte Statuen gibt – oder jemals gegeben hat ..."

„Das ist keine Statue von mir – das bin ich."

„Warum siehst Du so vollständig schwarz aus?"

„Das ist dieselbe Farbe wie das Blau des Krishna oder wie das Schwarz-Blau bei

den germanischen Toten und Totengöttinnen. "

„Ist das das Bild, was die Menschen damals von Dir gehabt haben? "

„Nein – das Bild ist viel älter als die Indogermanen. "

„Hm – ich wundere mich schon seit Jahren, warum die Menschen in Göbekli Tepe solch einen 'kubistischen Kunststil' gehabt haben, also Menschen zu rechteckigen Pfeilern mit angedeuteten Köpfen, Armen und Kleidung abstrahiert haben ... hat das etwas mit diesem rechtwinkligen Raum zu tun, in dem ich Dich hier sehe? Rechtwinklige Wohnhäuser gibt es ja erst seit ungefähr 6000 v.Chr., als die in Nord-Mesopotamien erfinden worden sind ...

Kannst Du dazu etwas sagen? "

„Mich interessiert mehr die Unterwelt als das Diesseits ... "

„Und warum bist Du in einem rechteckigen Raum? Heißt das, da Du ja vermutlich in Indien bist, daß ich Dich gerade in der Zeit um ca. 5000-4000 v.Chr. sehe, also ca. 1500 Jahre nach der Erfindung der rechteckigen Häuser in Meospotamien? "

„Gut geschätzt. "

„Dann bist Du also ein vor-indogermanischer Gott? Die Indogermanen sind ja erst um ca. 1500 v.Chr. nach Indien gekommen ... Bist Du ein Gott aus der Harappa-Kultur am unteren Indus, die von 3500-1700 v.Chr. bestanden hat und ein Ableger der mesopotamischen Kultur, also von Elam und Sumer, gewesen ist? "

„Ja. "

„Und Du bist dem indogermanischen Urriesen so ähnlich gewesen, daß Du mit ihm verbunden worden bist und seinen Namen übernommen hast? "

„Die Bewohner von Harappa und Mohenjo Daro am unteren Indus hatten einen Urriesen-Totengott. "

„Hm ... ich finde das ja interessant, aber ich weiß leider nicht, wie ich nachprüfen könnte, ob das auch stimmt ... ich sehe immerhin keine Widersprüche zu meinen archäologischen Kenntnissen ...

Aber gibt es evtl. auch etwas, was Du mir erzählen kannst, was einen praktischen Nutzen für mich haben könnte? "

„Denke oft genug daran, daß Du irgendwann sterben wirst – dann lebst Du intensiver. "

„Ja – das habe ich schon vor langer Zeit gemerkt, daß der Tod in dieser Hinsicht mein bester Freund ist ... er hilft mir, wirklich zu leben.

... ...

Ja, dann ... Danke, Yama! "

„Bitte. "

„Ho! "

III 5. d) Purusha

„*Purusha – magst Du mir etwas über den Urriesen erzählen, was ich noch nicht weiß oder noch nicht bemerkt habe, oder am besten etwas, was mir und anderen nützlich sein könnte?*"

„*Nun – siehe Dich als Urriesen ... invoziere mich, stell Dir vor, ich zu sein, öffne Dich für mich, integriere Dich in mich ... nimm dafür meinen Namen als Mantra ... komponiere einen Purusha-Chant ... frage Kai, ob er einen Purusha-Chant kennt ...*"

„*Ja, Kai ist Yoga-Lehrer und kennt viele Chants ... Also Dich zu invozieren ist das, was hilft? Ist das so ähnlich wie die Übung der Mittleren Säule in der Kabbala, durch die man ja sozusagen Adam Kadmon invoziert?*"

„*Das ist so ähnlich wie die Übung der Mittleren Säule – nur noch wirksamer.*"

„*Hm ... was wäre denn wichtig, was in dem Chant vorkommt? Kannst Du mir da ein paar Tips geben? Ich meine, welche Worte oder Aussagen da wichtig sind?*"

„*Laß Dich inspirieren – das kannst Du ja recht gut.*"

„*Hm ... ich schaue mal, ob's bei youtube schon Purusha-Chants gibt ... (ich schaue dort nach) ... ... Da habe ich ein Dutzend Purusha-Chants gefunden, aber alle mit endlos langen Texten ... Du meinst also, ich soll selber etwas dichten und vertonen?*"

„*Ja.*"

„*Und das ist das, was Du zu meiner Erforschung des Urriesen beisteuern willst?*"

„*Ja.*"

„*Ja, gut ... dann werde ich das jetzt mal machen ... Danke, Purusha!*"

„*Bitte.*"

„*Ho!*"

... ...

„*Purusha – findest Du diesen Text so o.k.?*

Purusha, Yama, Atum, Ymir and Pan Gu!
Spirit of all the earth,
Spirit of all mankind!
Purusha, Yama, Atum, Ymir and Pan Gu!
Give my my real birth,
You it is I want to find!"

„*Die vorletzte Zeile werden nicht alle verstehen – daß damit die Selbstfindung, das Erwachen, das 'ganz ich selber sein' gemeint ist ... aber das ist o.k. so.*"

„*Gut – dann suche ich jetzt nach einer Melodie.*

... ...

„*Purusha – findest Du dieses Lied, diesen Chant so o.k.? Die Buchstaben über den Noten sind die Gitarren-Akkorde, falls jemand den Chant auf der Gitarre begleiten möchte.*

„*Hättest Du vielleicht noch 'ne Variante mit mehr power?*"
„*Hm ... ich kann's mal versuchen*

... ...
O.k. – was hältst Du davon:

„*Das ist schon besser. Das geht ... Sing da einfach alleine oder mit mehreren und stelle Dir dabei vor, daß Du meine Gestalt hast.*"

„*Wie siehst Du denn aus? Wie die Erde? Wie ein Mensch?*"

„*Warte ab, welches Bild kommt, wenn Du mich mit dem Lied rufst.*"

„*O.k. ... das werde ich so machen ... Hat es Sinn dabei Adam Kadmon, also den ganzen Lebensbaum in mir zu imaginieren?*"

„*Das ist zwar von der Logik her richtig und passend, aber wenn Du nicht geradezu ständig in dem Lebensbaum lebst, dann mach es lieber einfacher und laß ihn weg. Singe, rufe mich mit Deinem Gesang, schaue auf das Bild das kommt, und dann verstärke das Bild in dem Wissen und in der Absicht, daß das Bild mich darstellt – und stelle Dir vor, daß Du dieses Bild bist, siehe Dich als dieses Bild – siehe Dich als Purusha, während Du singst.*"

„*Ja ... danke ... das war eine klare Anleitung, Purusha ... Vielen Dank!*"

„*Bitte.*"

„*Ho!*"

- - -

Bei youtube kann man auch einen sehr schönen Purusha-Chant finden, bei dem George Harrison von den Beatles die Gitarre spielt und das Ganze produziert hat. Dieser Chant hat jedoch zum einen einen recht langen Text und zum anderen wird hier Govinda (Krishna) als Purusha angesehen.

III 5. e) Yima

„*Hallo Yima – ich würde gerne noch mehr über den Urriesen erfahren. Kannst Du mir da weiterhelfen?*"

„*Was ist Dir da denn am wichtigsten?*"

„*Bei Dir würde ich gern wissen wie es dazu gekommen ist, daß Du in den Mythen zu dem ersten König geworden bist. Und ich möchte gerne wissen, auf welche Weise Du unsere Meditation, Magie und Heilung fördern kannst.*"

„*Gut – die erste Frage zuerst. Als erster Mensch habe ich eine große Autorität, denn ich bin von der Urgöttin oder von dem einen Gott erschaffen worden – bei den Persern war es der Eine Gott, also Ahura Mazda. Daher bin ich sozusagen der 'Sohn Gottes'. Diese Symbolik kennt ihr ja von Christus und evtl. auch vom Pharao, der der 'Sohn der Sonne' genannt wurde, oder vom Kaiser von China, der der 'Sohn des Himmels' gewesen ist. Da der erste Mensch in weitgehend monotheistischen Religionen und allgemein die Könige der 'Sohn Gottes' gewesen sind, lag es nahe, den ersten*

135

König mit dem ersten Menschen gleichzusetzen – beide hatten diesen 'Draht nach oben'."

„Das ist wirklich schlicht und einleuchtend erklärt – eigentlich hätte ich das Wissen dafür gehabt, aber ich habe es noch nicht in dieser Weise kombiniert gehabt. Danke."

„Die zweite Frage zu beantworten ist etwas komplexer. Du trägst als Mensch genauso wie ein König für sein Reich Verantwortung und Du mußt Entscheidungen treffen. In meinen Mythen habe ich letztlich dafür gesorgt, daß der Tod erschaffen worden ist, weil sonst die Erde nach kurzer Zeit völlig überbevölkert worden wäre. Das sind keine einfachen Entscheidungen ...

Wenn Du etwas von mir lernen willst, sind das fundamentale Dinge, die ein König entscheiden muß – fundamental, weil ich der erste Mensch und der Urriese bin, und entscheiden, weil ich der König bin. Du mußt also schauen, was funktioniert und was nicht – und dabei mußt Du wirklich hinschauen und sehen, was da ist."

„Könnte man sagen, daß wir von Dir Bewußtheit, Realitätskontakt und Konsequenz lernen können?"

„Ja."

„Das ist unerwartet für mich – das sind nicht die Dinge, die ich von dem Urriesen erwartet hätte."

„Ich bin auch der vollkommene Mensch."

„Hm ..."

„Und daher bin ich auch die Freude."

„Das kommt für mich jetzt noch unerwarteter als die 'Königs-Eigenschaften' eben ... Kannst Du mir dazu etwas sagen?"

„Ich bin im Einklang mit Ahura Mazda, mit dem höchsten Gott – und das gemeinsame Schwingen mit etwas anderem erzeugt Freude."

„Hm ... ich dachte, daß ich mit dem Urriesen schwingen sollte, um Freude zu finden – und nun erzählst Du mir, daß Du mit dem einen Gott schwingst, um Freude zu finden ..."

„Das hängt von dem Weltbild ab – wenn der Urriese das Erste ist, ist die Selbstintegration in ihn die Quelle der größten Freude ... in dem Weltbild der Perser ist Ahura Mazda zu dem Urgott geworden – folglich bin ich an die zweite Stelle gerückt und bin derjenige, der mit dem Größeren schwingt, der sich selber in das Größere hineinintegriert ... Meine Position ist dieselbe wie die von Adam, der auch nicht mehr das erste Wesen ist, sondern das erste von Gott erschaffene Wesen."

„Wie ist das denn mit der Urgöttin, die in einigen Mythen in der Form der Urkuh oder des Urmeeres als Mutter des Urriesen, der Erde, des Erdlings erscheint?"

„Da sie keine Menschengestalt hat, bleibe ich in diesen Fällen der erste Mensch und somit derjenige, in den ihr euch integrieren könnt, um Freude zu finden."

„Und was würde geschehen, wenn ich mich in die Urmutter hinein integrieren würde?"

„Dann würdest Du Vertrauen finden ... und ich lehre Dich Verantwortung.“

„Hm, ja ... ein König trägt Verantwortung. ... Aber braucht Verantwortung nicht auch immer das Vertrauen als Gegenpol? Vertrauen ist ein 'vom Ganzen getragen werden' und Verantwortung ist ein 'das Ganze tragen'.“

„Ja – der König ruht in der Urgöttin oder in dem Einen Gott. Für euch in der derzeitigen Epoche gilt das auf eine andere Art – da beschreiben Vertrauen und Verantwortung den sinnvollen Umgang von Menschen miteinander als Gesamt-Kollektiv.“

„Hm ... 'Kollektiv' klingt sehr nach 'kollektives Unterbewußtsein' – und dieses kollektive Unterbewußtsein bist Du. Kannst Du uns daher von Deiner Königs-Perspektive aus lehren, miteinander in Vertrauen und Verantwortung zu leben?“

„Ja, das kann ich und das würde ich auch gern tun, wenn ihr mich darum bitten würdet.“

„Ja – hilf mir dabei. ... Ich hätte nicht gedacht, auf dieser Traumreise bei gesellschaftlich-politischen Themen zu landen ...“

„Was erwartest Du? Ich bin ein König und präge daher die Gesellschaft und bin der, der die Politik macht.“

„Ja – es ist schon logisch, aber eben auch unerwartet. ... Gibt es da noch etwas, was Du mir sagen oder zeigen möchtest? ... Vielleicht einen praktischen Ansatz?“

„Mach das, was Dir Purusha gezeigt hat. Verbinde Dich mit dem Urriesen, stell Dir vor, seine Gestalt zu haben, ein Teil von ihm zu sein, aus ihm heraus zu handeln. Und stell Dir das nicht abstrakt vor, sondern stell Dir vor, ein Teil der Erde unter Dir zu sein, aus dieser Erde heraus zu wachsen, eine Zelle von ihr zu sein ... und spiel mit diesen Vorstellungen um herauszufinden, welches Bild am besten für Dich paßt.

Und schaue, was Du gerade brauchst, in welcher Situation Du gerade stehst – und wähle dann das Bild des Urriesen aus, daß am besten zu Deiner Situation paßt.“

„Also Yama für Fragen nach dem Tod, Dich für politische Fragen, Ymir für Fragen der Natur, Pan Gu für Fragen nach der Dynamik in der Welt und so weiter?“

„Ja.“

„Danke, Yima ... das war jetzt wieder viel Unerwartetes – wie auf den meisten Traumreisen ... Ich glaube, das genügt mir erst einmal ... Danke, Yima!“

„Bitte, Harry.“

„Ho!“

III 5. f) Ymir

„Ymir – zu Dir habe sich ja schon einmal eine Traumreise unternommen und Du hast mich daraufhin mit intensiven Erlebnissen in der Natur beschenkt ... Gibt es etwas, was Du mir sagen oder zeigen möchtest?“

Ich sehe einen Lichtstrahl oder etwas ähnliches, der senkrecht unter mir in die Erde führt ... da ist etwas Lebendiges ... ich sehe die Chakren – aber nicht wie in einer Zeichnung an einer geraden Linie aufgereiht, sondern eher wie in einem Menschen, der bequem in leicht gebogener Haltung daliegt ... da ist Entspannung, Loslassen, Gemütlichkeit, Behaglichkeit ... das ist aber nicht Kraftlosigkeit oder so was ... das ist auch kein 'die Augen verschließen' was Krankheiten oder Tod angeht ... das ist eine sehr tief gehende Bejahung ... ...

„Ist es das, was Du mir zeigen willst, Ymir?"

„Ja – jetzt ist es das, was ich Dir zeigen will ... aber da gibt es noch mehr als nur diese Haltung ... diese Haltung ist der Anfang, sie öffnet Dir das Tor zum Leben ..."

„Das klingt sehr poetisch ..."

„Bist Du nicht ein sehr poetischer Mensch?"

„Ehm – Du wählst Deine Sprache so, daß der, der Dir zuhört, Dich gut versteht?"

„Machst Du das nicht auch so?"

„Ehm ... ja ... das ist jetzt wieder diese beeindruckende Klarheit, die ich auf diesen Traumreisen bei euch Göttern immer wieder finde ..."

„Wir Götter sind die Organe des kollektiven Unterbewußtseins ... und das kollektive Unterbewußtsein ist abgrenzungslos ... daher ist dort nichts verborgen und alles wird auf die sinnvollste Weise miteinander verbunden ... Wundert es Dich da, daß dadurch diese Klarheit entsteht, die in einer menschlichen Psyche mit ihren vielen Abgrenzungen so selten ist?"

„O.k. ... das war jetzt eine sehr klare Darlegung, warum ihr diese Klarheit habt ... Du rätst uns also, in diese Geborgenheit zu gehen, die wir in dem Urriesen, also in Dir finden können?"

„Komm zu mir, zu Ymir – Yama oder Purusha haben andere Schwerpunkte ... Diese Geborgenheit öffnet euch das Tor zum Leben."

„Das ist die Heilung der oralen Phase im Menschen, nicht wahr?"

„Wenn Du es so technisch-nüchtern ausdrücken willst – ja."

„Dinge auf mehrfache Weise zu formulieren macht sicherer, daß es kein Mißverständnis gegeben hat."

„In der abgegrenzten Psyche gibt es Mißtverständnisse – in dem abgrenzungslosen kollektiven Unterbewußtsein, in dem die Götter sind, gibt es keine Mißverständisse, weil es dort eben nichts Verborgenes gibt."

„Oh ... so habe ich das noch nicht betrachtet ..."

„Das sieht man aus meiner Perspektive auch besser als auch Deiner Perspektive ..."

„Hm ... ja ... Danke, Ymir ... Möchtest Du noch etwas sagen oder zeigen?"

„Geht erst einmal in die Geborgenheit in mir ... geht erst einmal durch das Tor des Lebens ... dann entwickelt sich alles andere von selber ..."

„Ja ... Danke ... Danke, Ymir!"

„Bitte ... ... und genieße ... "

„Ja ... Danke! ... ... Ho! "

III 5. g)   Pan Gu

„Pan Gu – magst Du mir etwas über Dich erzählen? "

„Schaue mich an. "

„Ehm – ja, gut ... Ich sehe Dich als älteren Mann, bärtig, ein bißchen Bauch, 'knubbeliges' Gesicht, kräftig ... mir fällt auf, daß es heißt, daß Du aus der Begegnung von Yin und Yang entstanden ist ... meine alte Freundin hat Dich als aus der Begegnung des ganz Kleinen mit ganz Großen heraus entstanden erlebt – das habe ich im ersten Kapitel dieses Buches beschrieben ... und ich habe Dich entdeckt, als ich auf einer Traumreise Christus und den Teufel vereint habe ... Warum ist das so? "

„Du denkst, aber schauen wäre produktiver ... "

„Ja, gut ... ich sehe Meer und Himmel und Erde und Wolken ... Strömungen, d.h. eher Wirbel ... einen zweifachen Wirbel – das ist Yin und Yang ... und in der Mitte dieses Doppelwirbels, also dieses Wirbels, der wie das Yin/Yang-Zeichen aussieht, strahlt etwas ... Ist das Dein Herz? "

„Ja. "

„Hm ... ist das auch die Sonne? "

„Nein – aber die Sonne ist ein Symbol für mein Herz. "

„Weiterschauen? "

„Ja. "

„Ich werde zu diesem golden leuchtenden Herzen in der Mitte des Yin/Yang-Wirbels hingezogen ... ich folge diesem Sog, dieser Einladung, diesem Versprechen ... ich gehe in dieses goldene Licht hinein ... da ist Frieden, da ist Erfülltsein, da ist Richtigkeit, Strahlen, Wärme ... das ist der Zustand, den ich kenne, wenn ich erfolgreich meine Kundalini-Meditationen auf dem Fahrrad gemacht habe, um mich im Winter warmzuhalten – das ist dieses 'Erwachen' ... Das ist die Qualität Deines Herzens? Das ist doch das, wo ich die ganze Zeit wieder hin will! "

„Deshalb haben wir Dich ja auch schrittweise hierhin geführt. "

„Ich habe nicht geahnt, daß es einen Ort gibt, an dem diese Qualität ist – an dem diese Qualität immer ist ... ich bin sprachlos, Pan Gu ... "

„Das tut Dir gut ... Du denkst und sprichst und schreibst ja sonst schon genug ... "

Ich spüre, wie Pan Gu schelmisch grinst ... "

„Du hast ja Humor! "

„Natürlich – das ist eine der wichtigsten Entdeckungen, die die Menschen jemals gemacht haben ... seitdem sehen sie alles ein bißchen lockerer und nicht mehr so

verkrampft ... und ich als der Urmensch habe diese Fähigkeit natürlich auch ..."

"*Gehört Humor nicht auch dazu, mit dem ständigen Wandel umzugehen? Und bist Du nicht aus der Begegnung von Yin und Yang entstanden? Und wird die Dynamik des ständigen Wandels, der durch Yin und Yang verursacht wird, in dem 'I Ging', also in dem 'Buch der Wandlungen' beschrieben? Bist Du nicht daher auch das Wesen des Wandels und somit auch die Quelle des Humors, der hilft, mit dem ewigen Wandel umzugehen?*"

"*Schön formuliert.*"

"*Und nun?*"

"*Bleib in meinem Herzen.*"

"*Hm ... ja ... sonst gibt es eigentlich nichts Sinnvolles zu tun ... ich meine, ich wüßte keine andere sinnvolle Haltung ...*

Ich bin beeindruckt, wie verschieden ihr Urriesen seid – also nicht im Widerspruch zueinander, aber ihr zeigt mir so völlig verschiedene Facetten des Urriesen ..."

"*Die Welt ist bunt.*"

"*Sagt der Gott des ewigen Wandels.*"

Pan Gu schmunzelt ...

Ich glaube, ich belasse das jetzt dabei ...

"*Vielen Dank, Pan Gu! Vielen Dank! Das war wirklich ein großes Geschenk!*"

"*Bitte ... und mir war es eine große Freude ... und es wird weiterhin für mich eine große Freude sein, wenn Du in mein Herz kommst.*"

"*Das berührt mich sehr, wenn Du das so sagst, Pan Gu ... Danke.*"

Er lächelt ...

"*Ho!*"

- - -

"*Warum entstehst Du aus zwei Gegensätzen, Pan Gu?*"

"*Weil ich die Mitte bin.*"

"*Dann entspricht auch die alchemistische Symbolik des Steins der Weisen dem Urriesen – er entsteht aus der Verbindung von Sulphur und Mercurius ... und der Stein der Weisen stellt auch die ursprüngliche, richtige, heile Ordnung dar ... das ist wieder dieselbe Symbolik ...*"

"*Ja.*"

III 5. h) Glut-Amöbe

„Hallo – ich bin vor ungefähr 35 Jahren mal bei Dir gewesen. Du warst in der Mitte der Erde – vermutlich bist Du die Mitte der Erde. Magst Du mir etwas über Dich sagen oder mir etwas zu Dir zeigen? Wer oder was bist Du?"

„Ich bin das Feuer. Ich bin die Glut. Ich bin der Lebensdrang. Ich bin die Hitze Deines Blutes. Ich bin der Kampf ums Überleben. Ich bin der Tanz. Ich bin die Ekstase."

„Das klingt wie Shiva."

„Du bist von den Schlangen aus zu mir gekommen – wundert es Dich da, die Wurzel der Kundalini zu finden?"

„Die Wurzel der Kundalini? Was ist das? Das Wurzelchakra? Das Wurzelchakra der Erde?"

„Ich bin, was ich bin."

„Hm ... ja ... aber wirklich verstanden habe ich das noch nicht ... Was ist die Wurzel der Kundalini? Und wo ist sie?"

„Deine Kundalini ist die Lebenskraft, die aus der Erde aufsteigt. Ihre Wurzel ist das Herzchakra der Erde – der Eisen/Nickel-Kern der Erde. Du bist mit Deinem Wurzelchakra an das Herzchakra der Erde angebunden. Daher ist die Wurzel Deiner Kundalini das Herzchakra der Erde. Wenn Du direkt auf das Herzchakra der Erde schaust, siehst Du das strahlende goldene Licht des Herzens des Urriesen – wenn Du von Deinem Wurzelchakra aus auf das Herzchakra der Erde blickst, siehst Du die Glut-Amöbe, den Ursprung des Kundalini-Feuers, das Du in Dir erlebst."

„Das, was ich sehe, hängt also davon ab, von welchem Chakra aus ich es betrachte? Das ist völlig neu für mich – auch wenn es plausibel klingt."

„So ist es."

„Warum siehst Du denn aus wie ein rotes Blutkörperchen?"

„Rotieren, stehende Welle, sich selbst erhaltender Rhythmus, Tierkreis, Superstring ..."

„Das alles hat diese Form?"

„Ja."

„Hm ... ja ... das alles müssen wohl Kreise sein ... Und warum bist Du ein sich selbst erhaltender Rhythmus?"

„Weil ich beständig bin. In der Mitte der Erde ändern sich die Dinge extrem langsam."

„Ja – da geschieht immer das gleiche ... das ist wohl wahr ... und deshalb bildet sich dort ein stabiles System heraus ... ein System, das sich selber aufrecht erhält ... Heißt das, das Wurzelchakra erwacht und mit ihm die Kundalini, wenn auch dort solch ein stabiles System entsteht? Das kenne ich ja von verschiedenen Meditationen, daß dabei nach einer Weile ein stabiler Zustand entsteht, den man nur mit einem

gewissen Aufwand wieder verändern kann. Das habe ich noch vor einer halben Stunde bei meiner Kundalini-Meditation erlebt – da ist die Lebenskraft aus der Erde in mich emporgeströmt ... und nach einer Weile ist das ein stabiler Zustand geworden, der aus sich heraus immer weitergelaufen ist ...

Und das alles zeigt sich darin, daß Du wie ein rotes Blutkörperchen aussiehst, also wie ein Ring, ein Kreis, der in der Mitte mit einer dünnen Fläche verschlossen ist?"

„Ja, so ist es."

„Hm ... das klingt logisch ... aber das ist wieder mal etwas, was ich mir erst einmal eine Weile anschauen muß, bis das wirklich bei mir angekommen ist ... vor allem, daß das, was ich sehe, davon abhängt, von welchem Chakra aus ich darauf schaue – damit muß ich mal ein bißchen experimentieren, um das ganz begreifen und erfassen zu können.

Gibt es da gerade noch etwas zu sagen oder zu zeigen?"

„Verdaue erst einmal alles, was Du gesehen und erlebt hast."

„Ja – das scheint mir sinnvoll zu sein ... Vielen Dank, Glut-Amöbe!"

„Bitte."

„Ho!"

IV   Hilfe durch den Urriesen

Die ganzen Betrachtungen und Traumreisen in dem bisherigen Kapiteln müssen sich natürlich letztlich daran messen lassen, inwieweit sie für die Menschen nützlich sind, ob sie helfen, Probleme zu lösen oder einfach glücklicher zu leben.

Im Folgenden sind die Dinge aufgeführt, die für den einen oder anderen solche „nützlichen Dinge" sein könnten.

IV 1.   Der Urriese in der Meditation

In diesem Bereich kann der Urriese auf vielerlei Weise helfen, wobei die meisten Arten der Hilfe eher allgemeiner Natur sind.

IV 1. a)   Das Bild der heilen Chakren

Wie ich selber auf einer Traumreise zu dem Urriesen festgestellt habe, kann man, wenn man ihm begegnet, die Hauptchakren, die Nebenchakren, die Sushumna, Ida und Pingala, die Akupunkturpunkte, die Badis, die Akupunkturmeridiane usw. in ihm leuchten sehen.

Das könnte unter Umständen eine Hilfe bei der Meditation sein – insbesondere dann, wenn man sich bei diesen Meditationen auf die Chakren konzentriert.

Das ist natürlich ein Erlebnis, das nicht ausschließlich an den Urriesen gebunden ist – aber er kann dieses Erlebnis offensichtlich möglich machen.

IV 1. b)   Die Kundalini

Das Finden der Lebenskraft-Nabelschnur zur Erde, d.h. zu dem Urriesen und somit zu dem kollektiven Unterbewußtsein kann die Erweckung der Kundalini in einem selber erleichtern – und die erweckte Kundalini ist die Grundlage vieler anderer Meditationen.

Das Fließenlassen der Lebenskraft durch die Erd-Nabelschnur in das eigene Wurzelchakra ruft zudem recht schnell einen sich selber stabilisierenden Zustand hervor, der das weitere Meditieren deutlich erleichtert. Zudem ist es von Vorteil einen solchen sich selber stabilisierenden Zustand einmal erlebt zu haben, da man dann diese Art von Zustand bei anderen Meditationen leichter finden kann.

IV 1. c) Der Zwitter

Der Urriese wird manchmal als Zwitter aufgefaßt. Das ist schon deshalb naheliegend, weil es ein „Urmensch" und kein „Urmann" und auch keine „Urfrau" ist. Daher kann er in manchen Mythologien mit sich selber Kinder zeugen (Atum, Ymir).

Für die Meditation ist hierbei interessant, daß es einige Meditationen bzw. Rituale gibt, die Gegensätze miteinander verbinden, um zu etwas Neuem in der Mitte zu gelangen:

- Mann	+ Frau	= Mensch (Zwitter)
- innere Mann	+ innere Frau	= Seele
- Ida	+ Pingala	= Sushumna
- Yin	+ Yang	= Tao
- Sulphur	+ Mercurius	= Stein der Weisen
- Christus	+ Teufel	= Urriese

Diese Polaritäten bieten viele Ansatzpunkte, um zur Mitte zu gelangen.

IV 1. d) Das kollektive Unterbewußtsein

Die Identität des kollektiven Unterbewußtseins mit dem Urriesen ermöglicht eine sehr viel persönlichere Begegnung mit dem kollektiven Unterbewußtsein als es durch das bloße Konzept des kollektiven Unterbewußtseins erreicht werden kann.

Hier schließen sich viele fortgeschrittene Meditationsmethoden und Meditationserlebnisse an wie das Landschaftsbewußtsein, das eine Vorstufe zu dem abgrenzungslosen Bewußtsein („Da'ath") ist. Dies ist das Bewußtsein in dem die vier von Buddha genannten grenzenlosen Eigenschaften eines Erleuchteten entstehen können: Gleichmut, Barmherzigkeit, Liebe und Freude.

IV 1. e) Die Invokation

Invokationen kann man innen als Meditation, d.h. auf einer Traumreise durchführen, und auch außen als Ritual. Eine Invokation ist die vorübergehende Identifizierung mit einer Gottheit – dies ist in vielen Religionen eine zentrale Übung. So identifizieren sich z.B. die Jesuiten täglich mit Jesus.

Identifikationen werden durch Imaginationen, durch Worte, durch Chants usw. erreicht.[7]

Solche Invokationen können mit einfachen Gesprächen mit dem Urriesen beginnen, also mit Traumreisen wie denen, die im Kapitel „III 5." beschrieben werden.

Durch Invokationen kann man Informationen erlangen, Anregungen bekommen, Hilfen bei Entscheidungen erhalten, aber auch selber aus der Identifikation mit der Gottheit heraus aktiv werden und sich etwas magisch herbeiwünschen.

Die vermutlich wertvollste Meditation ist das „sich selber in den Urriesen hinein integrieren".

IV 1. f) Der Kontakt zur Erde

Bei den hier angeführten Meditationen kann man darüber streiten, ob man sie zu den Meditationen, zur Magie, zu den Heilungen oder einfach zu Naturerlebnissen rechen will – die Entscheidung über diese Frage ist zum Glück von keiner großen Bedeutung.

Es gibt vier verschiedene Methoden (und viele Varianten dazu sowie viele Mischformen), den Kontakt zur Erde zu erreichen. Dabei sind vor allem die Fußchakren und das Wurzelchakra aktiv.

- Die einfachste Form ist das Barfußlaufen – am besten in der Natur. Da dies einfach durchzuführen, aber die Wirkung nicht so einfach zu beschreiben ist, ist hier die eigene Erfahrung (wie so gut wie immer) der beste Lehrmeister.

- Die Steigerung des Barfußlaufens ist das „sich auf die Erde legen" – auch vorzugsweise in der Natur, also auf eine Wiese, auf Waldboden, auf den Kies an einem Fluß, auf den Sand am Meer usw. Das ist nicht nur eine effektive Methode, um Streß und Panik abzubauen, sondern auch generell, um sich zu entspannen und wieder zu sich zu kommen. Die Wirkung ist ähnlich wie Schlafen: das eigene „Instrument" wird wieder „gestimmt" und man fühlt sich frischer und wieder mehr bei sich selber.

---

7   Siehe mein Buch „Invokationen für Anfänger".

- Eine weitere Methode besteht darin, sich an irgendeinen Ort zu setzen und innerlich still zu werden – wieder vorzugsweise in der Natur. Dabei schaut man einfach auf den See vor sich, blickt auf die Eichen in der Abendsonne, lauscht dem Wind im Schilf usw. Dabei kann es geschehen, daß man sich auf einmal erfüllt fühlt und zu lächeln beginnt. Als Anstoß für dieses Erlebnis eignen sich auch schöne Erinnerungen, die man mit einem Ort verbindet. Es scheint Orte zu geben, an denen man selber (und auch die Erde) leichter zu lächeln beginnen als an anderen. Man könnte diese Orte „Kraftorte" nennen.

- Manchmal tritt auch spontan ein Ergriffensein auf, wenn man einen Grashalm oder ähnliches vor sich betrachtet – das ist dann ein Gefühl, als ob er zu leuchten beginnen würde und als ob man das Leben in ihm sehen könnte. Dieses Erlebnis läßt sich dadurch fördern, daß man sich des öfteren in die Natur setzt und einfach still wird und schaut, was man sieht.

Diese vier Übungen klingen alle ausgesprochen schlicht und „naturromantisch", aber sie sind ausgesprochen wirksam … und ihre Schlichtheit und ihre Naturverbundenheit passen schließlich auch ausgesprochen gut zu dem Urriesen, der die Erde selber ist …

IV 2. Der Urriese in der Magie

Der Urriese in der Magie unterscheidet sich nicht allzusehr von dem Urriesen in der Meditation – er ist bei beidem sowohl die Erde als auch der Urmensch und insofern das eigene Fundament.

IV 2. a) Die Kundalini

Das Erwecken der Kundalini führt zum einen dazu, daß die Blockaden in der eigenen Psyche aufgelöst werden, und zum anderen dazu, daß man leichter in den abgrenzungslosen Bereich („Da'ath"), d.h. in das kollektive Unterbewußtsein gelangt und somit auch leichter Kontakt zu den Gottheiten erlangt. Das führt wiederum dazu, daß die eigene Magie deutlich effektiver wird und auch „Wunder" wie z.B. Materialisierungen möglich werden.

IV 2. b) Das Ba Gua

Das Ba Gua kann man in der Magie vor allem dann benutzen, wenn es um die Veränderung der Lebenskraft-Struktur und der Lebenskraft-Dynamik an einem Ort geht – also um energetisches Feng Shui.

Man kann das Ba Gua allerdings auch zu Diagnosezwecken verwenden – z.B. um zu erkennen, in welchem Zustand jemand ein Bild gemalt, ein Zimmer möbliert oder einen Talisman angefertigt hat.[8]

IV 2. c) Das Vashtu Purusha

Die Verwendung des Vashtu Purusha gleicht der Verwendung des Ba Gua. Da das Vashtu Purusha jedoch noch deutlich das Bild des Urriesen Purusha enthält, kann man es evtl. auch für Anrufungen des Purusha verwenden. Ob es dabei jedoch einen großen Nutzen hat, ist ungewiß.

---

8 Eine ausführliche Beschreibung dieser Möglichkeiten findet sich in meinem Buch „Feng Shui für Anfänger".

IV 2. d) Invokationen

Die Möglichkeit, den Urriesen zu invozieren, ist schon im vorigen Kapitel beschrieben worden. Den verschiedenen Charakter des Urriesen bei den verschiedenen Völkern kann man aus der historischen Beschreibung dieser Urriesen in Kapitel „II" oder aus den Traumreisen in Kapitel „III 5." ersehen.

Man kann die Verwendung des Lebensbaumes generell mit Bezug zu dem Urriesen (hier Adam Kadmon) sehen, aber dieser Bezug ist in der Regel eher recht schwach.

Die Verwendung der Übung der Mittleren Säule hat jedoch schon einen deutlicheren Bezug zu dem Urriesen Adam Kadmon: Die Mittlere Säule ist das Rückgrat des Adam Kadmon, die Sushumna des Purusha und das Rückgrat des Osiris, der zugleich der Weltenbaum „Djed" ist.

Die Übung der Mittleren Säule ist das Gegenstück zur Erweckung der Kundalini – sie ruft das (Sonnen-)Licht von oben in den eigenen Körper herab.

IV 2. e) Reinigungen

Man kann das Auflösen von Abhängigkeits- und Dominanz-Verhältnissen dadurch fördern, daß man die Verbindung zwischen den beiden betroffenen Menschen als eine Lebenskraftschnur („Silberschnur") von dem Sonnengeflecht des einen zu dem Sonnengeflecht des anderen imaginiert und dann durchtrennt. Dies Durchtrennen sollte vor dem Sonnengeflecht des „Opfers" geschehen – mit einer symbolischen Geste mit der Hand oder mit einem Messer („durchschneiden").

Dann bringt man die abgeschnittene Lebenskraftschnur, die noch an dem Sonnengeflecht der anderen Person hängt, imaginativ („Kurz-Traumreise") in die Erde zu Mutter Erde oder zu dem Urriesen hinunter und übergibt ihr bzw. ihm das Ende dieser Silberschnur, damit sie bzw. er sich darum kümmern kann. Das verhindert, daß sich das freie Ende der Silberschnur wieder an dieselbe Person oder an eine andere Person anheftet.

IV 2. f) Kraftorte

Kraftorte und Leylines (Verbindungslinien zwischen zwei Kraftorten) sind die Akupunkturpunkte und die Akupunkturmeridiane des Erd-Urriesen. Rituale an solchen Orten sind im allgemeinen kraftvoller als Rituale an anderen Orten. Am wirksamsten sind Rituale in Vulkankratern und auf Gipfeln von Vulkanen.

Aber man muß natürlich schauen, was zu dem Ritual paßt, das man vorhat – wenn man z.B. einen Streit beruhigen will, ist ein Vulkankrater als Ritualort denkbar ungeeignet …

Die Wahl des passenden Ortes für ein Ritual ist eine sehr lose Zusammenarbeit mit dem Erd-Urriesen.

IV 2. g)   Schlangenringe

Man kann auch mit dem Erdling zusammenarbeiten und es geht trotzdem schief. Das Folgende ist ein Beispiel dafür, wie man's nicht machen sollte.

Man kann Gegenstände auf vielerlei Weise „weihen" und „mit Lebenskraft aufladen". Die ausgewählte Methode hängt auch von dem Gegenstand ab, den man erschaffen bzw. weihen will. Der wichtigste Punkt ist die Wahl der richtigen Symbolik, da sie sich letztlich immer durchsetzt – egal was man beabsichtigt hat.

Als ich vor fast 40 Jahren einmal magische Ringe hergestellt habe, hatte ich jedoch noch wenig Übersicht über Mythen und Symbole und mir war auch noch nicht klar, wie wichtig derartige Kenntnisse sind.

Ich selber habe zu der Zeit des Waldsterbens um ca. 1985 Ringe geschmiedet, die ich an verschiedenen Kraftplätzen in Deutschland vergraben wollte, um eine Art „Akupunktur der Erde" zu bewirken, die den Wald stärkt, damit er den sauren Regen aushalten kann.

- Mir schienen Schlangen als Symbole der Kraft am passendsten zu sein. Die Form von Schlangenringe schienen mir die Konzentration und den Schutz durch die Schlangen am besten darzustellen.

- Zwölf Schlangen als Analogie zum Tierkreis plus eine Schlange im Zentrum, die der Sonne entspricht, schien mir die passende Anzahl zu sein.

- Als zentraler Ort in Deutschland paßte der Vogelsberg nördlich von Frankfurt gut: Er lag in etwa im Zentrum und er ist der größte (erloschene) Vulkan in Deutschland – das würde dem Projekt zusätzliche Kraft geben.

- Als Material schien mir Silber am passendsten zu sein: Silber entspricht dem Mond und somit der Lebenskraft – und mir ging es um die Lenkung der Lebenskraft in der Erde und in den Bäumen.

- Die Schlangen brauchten eine klare Absicht, also eine Betonung ihres Dritten Auges. Daher habe ich zwölf Turmaline (Gedeihen) und einen Rubin

(Kraft) zum Aufsetzen auf die Köpfe der Schlangen ausgewählt.

- Da die Schlangen etwas verwandeln sollte, habe ich sie nur auf Vollmond geschmiedet.

- Damit diese Ringe eng miteinander verbunden werden, habe ich sie parallel hergestellt: Am ersten Vollmond habe ich sie alle ausgesägt, am zweiten Vollmond alle rund gebogen und zu einem Ring zusammengeschweißt, am dritten Vollmond sie die grobe Form gefeilt, usw.

- Da sie lebendig werden sollten, schien mir eine Herstellungsdauer von neun Monaten analog zu der Schwangerschaft bei einem Menschen sinnvoll.

- Diese Symbolik ließ sich noch dadurch verstärken, daß ich die „Zeugung", also den Beginn des Schmiedens auf Frühlingsanfang gelegt habe, wodurch die „Geburt", also die Fertigstellung der Ringe (neun Monate später) auf Weihnachten fiel, was ja das Geburtsfest der Sonne (und später von Christus) ist.

- Zu diesen Schlangenringen habe ich ein längeres Gedicht verfaßt, in dem ich sie beschrieben und angerufen habe – das ist ziemlich kraftvoll geraten. Dieses „Drachen-Lied" habe ich dann beim Schmieden oft vor mich hin gesprochen.

- Während des Schmiedens habe ich immer wieder die Schlangen und Drachen aus der Erde heraufgerufen.

Durch diese sehr dichte Symbolik, durch die ständige Imagination sowie durch die hohe Konzentration sind diese Ringe sehr kraftvoll geworden. Aufgrund mehrerer Fehler haben sie jedoch einen anderen Charakter erhalten als es beabsichtigt gewesen ist.

Gegenstände, die man selber gewollt oder ungewollt mit der eigenen Lebenskraft aufgeladen hat, werden gewisserweise zu einem Teil des eigenen Körpers, da man das eigene Bewußtsein auf sie ausgeweitet hat.

So war das Einschmelzen der Schlangenringe, nachdem ich eingesehen habe, daß ich sie wieder vernichten muß, mit einem sehr intensiven Gefühl der Selbstamputation und der Selbstverstümmelung verbunden.

Das Gefühl der Abhängigkeit von einem Gegenstand und der Sucht nach ihm wird im „Herr der Ringe" ja ausführlich und ziemlich treffend beschrieben …

Das zweite Problem, das im Zusammenhang mit den Schlangenringen aufgetaucht ist, war die unpassende Symbolik der Ringe:

1. Das Problem war das Waldsterben durch den sauren Regen. Der Wald brauchte jedoch nicht mehr Kraft, um dem sauren Regen standhalten zu können, sondern weniger Schwefel in den Abgasen, damit der Regen nicht mehr sauer wird.

2. Die Schlangen symbolisieren durchaus auch die Kraft der Erde – insofern paßten sie zu der Idee, den Wald stärken zu wollen (auch wenn der Wald in Wirklichkeit weniger Schwefel brauchte). Allerdings habe ich die Schlangenringe als geschlossene Ringe geschmiedet – sie bissen sich selber in den Schwanz und waren daher gefangen und nicht frei. Dadurch habe ich mit den Ringen die gefangene Schlangenkraft und nicht die freie Schlangenkraft gerufen.

3. Ich habe zwölf Ringe mit einem Turmalin auf dem Schlangenkopf und einen größeren, dreizehnten Ring mit einem Rubin auf dem Schlangenkopf geschmiedet, der im Zentrum von Deutschland auf dem Vogelsberg vergraben werden sollte. Ich habe diesen dreizehnten Ring jedoch immer bei mir behalten und ich habe einen von den zwölf Ringen oft getragen statt ihn an seinem Platz zu vergraben. Wenn ich diesen Ring getragen habe, fühlte er sich heiß und lebendig an und ich hatte eine viel größere Kraft als sonst und Wünsche sind sehr schnell in Erfüllung gegangen. Und trotz all dieser Phänomenen ist mir die großen Ähnlichkeit meiner Ringe mit den Ringen aus dem „Herrn der Ringe" nie aufgefallen …

4. Wenn ich auch nur einmal meine Gefühle für diese Ringe genauer betrachtet hätte, wäre mir aufgefallen, daß sie mit meinem Gefühl, stets das Opfer zu sein, verbunden gewesen sind, und zudem auch noch mit meiner damals ziemlich massiv verdrängten Sexualität. Dazu paßte der geschlossene Schlangenring, also die Symbolik der gefangene Schlangenkraft ausgesprochen präzise.

Die Schlangenringe waren also zum einen das falsche Medikament für die Krankheit des Waldes, zum anderen ein falsch hergestelltes Medikament (die falsche Symbolik), und drittens noch auf intensive Weise sowohl mit den Schattenseiten meiner eigenen Psyche als auch mit allgemein bekannten Mythen („Herr der Ringe") verbunden. So konnten sie nicht funktionieren.

Das nächste Problem tauchte auf, als die ersten Menschen Traumreisen zu diesen Ringen unternommen und dabei Wesen getroffen haben, die gar nicht hilfreich, sondern ausgesprochen dominant wirkten. Da die Ringe unbewußt auch dazu gedient haben, meine eigenen Ohnmachtsgefühle zu kompensieren, war es logisch, daß diese Ringe Wesen angezogen haben, die machtgierig waren. Und Sauron, der „Herr der

Ringe", ist ja geradezu zu einem Urbild für ein extrem dominantes Wesen geworden.

Nachdem mehrere Menschen diese Wahrnehmung von dominanten, herrschsüchtigen Wesen, die mit den Ringen verbunden gewesen sind, bestätigt hatten, hat ein großer Teil der an dem Ringe-Projekt beteiligten Menschen beschlossen, daß die Ringe zerstört werden müssen. Wie man aufgrund der Beschreibungen im „Herr der Ringe" erwarten kann, habe ich mich lange Zeit mit Händen und Füßen dagegen gesträubt. Aber schließlich habe ich nachgegeben und zugestimmt.

Auf den Traumreisen zu diesen Ringen habe ich auch zusammen mit drei anderen Magiern und Zauberinnen die „Glut-Amöbe" getroffen.

Die Ringe waren allerdings inzwischen so stark geworden, daß sie sich auch selber gegen ihre Zerstörung gewehrt haben – auch das ist ja aus dem „Herr der Ringe" gut bekannt. Auf der Fahrt mit dem Auto zu einem der Ringe hat sich auf der Autobahn ein Autoreifen aufgelöst, was jedoch gerade noch rechtzeitig vor dem Platzen des Reifens bemerkt worden ist. Auf dem Weg zu einem der Plätze, an dem einer der Ringe vergraben war, fiel bei Windstille plötzlich ein riesiger Baum vor der Gruppe, die dort hinging, um. Ähnliche Ereignisse gab es noch mehr.

Als ich dann schließlich alle dreizehn Ringe auf meinem Schmiedetisch liegen hatte und sie eingeschmolzen habe (wie Frodo im Schicksalsberg), war das, als ob ich mir einen Arm abschneiden und all meine Macht verlieren würde. Ich war damals so verzweifelt, daß ich den Silberklumpen mit den zwölf Turmalinen und dem einen Rubin in ihm einfach ins Klo geworfen und abgespült habe. Doch eine Viertelstunde später kam eine meiner Schwestern vorbei und gab mir diesen Silberklumpen und sagte, daß sie ihn auf dem Fußboden des Bades gefunden hatte und daß er mir wohl aus der Tasche gefallen sein müßte.

Da bin ich mit dem Rad zum Rhein gefahren und habe ihn von der Rheinbrücke aus im Rhein versenkt – von wo aus er nicht mehr zu mir zurückgekommen ist. Mir ist damals noch nicht bewußt gewesen, daß auch der Nibelungenhort am Loreley-Felsen im Rhein versenkt worden ist und daß das Wertvollste in diesem Hort der Ring des Tyr-Hreidmar und des Loki gewesen ist. Offenbar stand ich auch noch in Resonanz mit den germanischen Mythen, die ja auch die Wurzeln von Tolkiens „Herr der Ringe" sind.

Das einzig Gute, was sich über diese ganze Ring-Geschichte sagen läßt, ist, daß ich dabei viel über Magie gelernt habe. Anschließend habe ich beschlossen, erst einmal sehr gründlich alle alten Mythen und Symboliken zu studieren, damit mir etwas derartiges nicht noch einmal passiert.

Solch einen großen Aufwand, der dann letztlich zu nichts geführt hat, sollte man doch nach Möglichkeit vermeiden …

IV 2. h) Kornkreise

Man kann die Kornkreise, die seit 40 Jahren vermehrt jedes Jahr vor allem in Südengland auftreten, als kollektive Telekinese deuten – was bedeutet, daß sie dann ein „Gespräch" des Urriesen mit den Menschen wären.[9]

---

9 Siehe mein Buch „Kornkreise für Anfänger".

IV 3. Der Urriese in der Heilung

Wenn man die Möglichkeiten, die sich aus dem Kontakt zu dem Urriesen in der Meditation und in der Magie ergeben, betrachtet, wird deutlich, daß der Erdling auch bei Heilungen hilfreich sein könnte. Das meiste davon ist jedoch schon in den beiden vorigen Kapiteln unter „Meditation" und „Magie" gesagt worden.

IV 3. a) Kontakt zur Erde

Das Barfußgehen und das Legen auf die Erde – nun, beides „erdet" und unterstützt daher fast jede Heilung. Auch die dadurch bewirkte (unbewußte) Wieder-Ankopplung an das kollektive Unterbewußtsein ist für die Heilung förderlich.

Beides ist recht wirksam, auch wenn es ziemlich unspezifisch ist und ganz allgemein stärkend und erdend wirkt.

IV 3. b) Kontakt zur Sonne

Der entsprechende Kontakt zur Sonne durch Meditationen, die „das Licht herabrufen", und durch das Aufnehmen der Sonnenlicht-Lebenskraft durch die Handchakren fördern die Integration, die Zentrierung, den Optimismus und dadurch letztlich auch die Lebensfreude.

Die Kombination des aufsteigenden Kundalini-Erdfeuers mit dem herabfließenden Bindhu-Licht ist ein zentrales Element vieler Meditationen und Rituale und wird bei den meisten Heilungen eine Unterstützung sein. Diese kombinierte Feuer/Licht-Methode hilft auch dabei, die eigene Mitte zu finden – die Qualität im „Herzen des Urriesen".

Das (Wieder-)Finden dieser eigenen Mitte ist letztlich das wirksamste Heilmittel überhaupt …

IV 3. c) Körperteile und Gottheiten

Die Anrufung von einer Schar von Gottheiten, die den Körperteilen entsprechen, stellt alle Körperteile unter den Schutz dieser Gottheit. Dieses Vorgehen ist u.a. aus

Ägypten bekannt, wo es sowohl bei Lebenden zur Heilung als auch bei Toten zu deren Schutz im Jenseits angewandt wird. Dabei werden oft Statuetten oder Talismane der betreffenden Gottheiten auf die entsprechenden Körperteile aufgelegt.

Diese Heilungsmethode hat nur insofern etwas mit dem Urriesen zu tun, als das all diese „Körperteil-Gottheiten" gemeinsam den Leib des Urriesen bilden.

IV 3. d) Kundalini

Das Erwecken der Kundalini ist eine sehr gründliche Heilungsmethode, da sie die Psyche und den Körper sehr gründlich „aufräumt".

IV 4. Der Urriese in der Astrologie

In der Astrologie spielt der Urriese keine Rolle – aber die Astrologie spielt in zwei Hinsichten für den Urriesen eine Rolle.

Die Astrologie ist vor allem für die Diagnose nützlich, aber weniger für die Therapie.

IV 4. a) Die zwölf Häuser

Die zwölf Häuser des Horoskops entsprechen den Körperteilen des Menschen. Sie beginnen beim Widder mit dem Kopf und geben dann von oben nach unten bis zu den Fischen mit den Füßen. Diese Zuordnung ist jahrhundertelang erprobt und hat sich immer wieder bewährt.

Da einerseits der Tierkreis und auch das System der zwölf Häuser, das sich von dem Tierkreis ableitet, ein Kreis ist, und da sich andererseits der menschliche Körper im Häusersystem vom Widder bis zu Fischen erstreckt, erscheint der Mensch in dem astrologischen Häusersystem als ein zum Kreis gebogener Mensch.

- Widder	= Kopf
- Stier	= Hals
- Zwillinge	= Arme
- Krebs	= Lymphsystem, weibliche Brüste
- Löwe	= Herz, Lunge
- Jungfrau	= Verdauung
- Waage	= Nieren
- Skorpion	= Genitalien, After
- Schütze	= Oberschenkel
- Steinbock	= Knie
- Wassermann	= Wade
- Fische	= Füße

Der Mensch als Kreis erinnert an den Tierkreis und den Superstring sowie an die annähernd kreisförmige Glut-Amöbe und an den Urriesen als die kugelförmige Erde. Diesen Kreis gibt es in ganz ähnlicher Form auch im Gehirn, in dem die sensorischen und die motorischen Bereiche außen auf dem Großhirn zum größten Teil ebenfalls in dieser Reihenfolge angeordnet sind.

Diese Zusammenhänge machen das Häusersystem zwar noch nicht zu einem Bild des Urriesen, aber die Ähnlichkeit beider Bilder ist doch recht groß.

Falls man den Urriesen auch als einen zwölfgeteilten Superstring bzw. einen zwölf-geteilten Tierkreis ansehen kann, wäre der zu einem Kreis gebogene Mensch im astro-logischen Häusersystem allerdings doch schon eine gute Annäherung an den Urriesen. Das Häusersystem wäre dann nicht nur die „astrologische Anatomie" des Menschen, sondern auch die „astrologische Anatomie" des Urriesen.

IV 4. b)   Die Rhythmen des Urriesen

Der zweite Zusammenhang des Urriesen mit der Astrologie sind die laufenden, also die aktuellen Planetenstände am Himmel. Sie beschreiben, wenn man die Erde als Urriesen auffaßt, die Dynamiken und Rhythmen des Urriesen, seine Stimmungen und Regungen und Impulse …

Diese Auffassung der aktuellen Planetenstellungen am Himmel als der Befindlich-keit des Urriesen in dem betreffenden Augenblick paßt auch insofern, als das diese aktuellen Planetenstände die „Hülle" sind, in der sich alle Menschen, Tiere und Pflan-zen und selbst das Wetter auf der Erde befinden – sie modifizieren das Geburtshoros-kop der Betreffenden jeden Tag auf eine etwas andere Weise als am Vortag. Die Horoskope der einzelnen Menschen befinden sich in dem allgemeinen Planetenstand, der sich auf die ganze Erde bezieht – so wie sich das persönliche Unterbewußtsein jederzeit in dem kollektiven Unterbewußtsein befindet und durch dessen augenblick-lichen Zustand beeinflußt wird.

Das kollektive Unterbewußtsein und somit die Psyche des Urriesen schwingt stets im Einklang mit dem augenblicklichen Planetenstand.

Wenn man dann noch bedenkt, daß die Zusammenhänge zwischen dem persönli-chen Unterbewußtsein und dem kollektiven Unterbewußtsein Telepathie sind (materi-eller Art können sie ja nicht sein), erhält man ein komplexes Bild von Schwingungs-mustern, die sich alle gegenseitig beeinflussen – schließlich besteht das kollektive Unterbewußtsein nicht nur aus den Erinnerungen früherer Menschen, sondern auch aus den Psychen aller derzeitig lebenden Menschen.

Es gibt somit zwar kein Horoskop des Urriesen, aber eine astrologisch beschreib-bare aktuelle Stimmung des Urriesen: den Planetenstand oben am Himmel zu dem betreffenden Zeitpunkt. Wenn zu diesem Zeitpunkt ein Mensch geboren oder eine Unternehmung gegründet wird, „gefriert" dieser Planetenstand gewissermaßen und wird zu dem Horoskop des Betreffenden. So gesehen, stammen alle Horoskope aus dem kollektiven Unterbewußtsein. In dem Augenblick der Geburt oder der Gründung, also in dem Augenblick der Selbständigwerdung, kapselt sich das persönliche Unter-bewußtsein von dem kollektiven Unterbewußtsein ab und behält dann dessen Qua-litäten zum Zeitpunkt dieser Abkapselung für sein ganzes Leben als sein Horoskop.

IV 5. Der Urriese in Wirtschaft und Politik

Die mögliche Rolle des Urriesen in diesem Bereich ist sehr deutlich: Er ist als „Erd-Lebewesen" ein anschauliches Bild für die Tatsache, daß die Technik der Menschen inzwischen so weit fortgeschritten ist, daß alles, was wir auf der Erde tun, auch Wirkungen auf alle anderen Menschen hat.

Unsere Wirtschaft, unsere Politik und unsere Gesellschaftsformen sind zu Aspekten eines die ganze Erde umfassenden Gesamtsystems geworden. Dadurch ist die Notwendigkeit entstanden, global zu denken – so als ob die Erde bzw. alle Lebewesen auf ihr und auch alle klimatischen Vorgänge und auch alle sonstigen Ereignisse in der Natur Vorgänge in einem einzigen großen Lebewesen wären.

Für diese neue Perspektive, die sich seit ca. 1940 zu entwickeln begonnen hat, ist zur Zeit die Erdgöttin Gaia das beliebteste Bild.

Doch der Urriese kann nicht nur ein Bild für die Notwendigkeit des globalen Denkens und Handelns sein, sondern auch für globale Möglichkeiten: Man kann das kollektive Unterbewußtsein zur wirtschaftlichen Koordination nutzen.

Bislang wird entweder der Markt, d.h. die Konkurrenz, als Koordinationsprinzip in der Wirtschaft benutzt (freie Marktwirtschaft) oder die zentrale Planung (Planwirtschaft, Kommunismus, manche Diktaturen) oder eine Mischform aus beidem (soziale Marktwirtschaft).

Es gibt jedoch auch noch die Möglichkeit, die Kooperation statt der Konkurrenz (Marktwirtschaft) oder der Vorschrift (Planwirtschaft) als Grundprinzip der Koordination zu verwenden – das wäre dann ein etwas organischeres Verfahren, das dem Bild des Urriesen oder der Erdgöttin Gaia deutlich näher kommt.

Ein solches Verfahren hat mindestens fünf Aspekte:

1. Es gibt genügend Gremien, die die Bedürfnisse der Menschen erfassen (Ernährung, Wohnen usw.), die die Notwendigkeiten sehen und berücksichtigen (begrenzte Ressourcen, Klima, Überbevölkerung usw.) und die auch Gefahren sehen und abwenden (Hungersnöte, Atomkrieg usw.).

2. Es wird nach den effektivsten Methoden gesucht und diese werden dann auch angewandt. So kann z.B. durch die Herstellung von haltbaren Waren die Menge der Waren, die insgesamt produziert werden muß, und somit auch die Arbeitszeit, die insgesamt aufgewendet werden muß, drastisch reduziert werden. Weiterhin vermeidet dieses Verfahren, daß Dinge produziert werden, die eigentlich niemand haben will – wie z.B. Wohnungen in „Wohnsilos".

3. Es werden manche Dinge gemeinsam benutzt oder als Gebrauchtware an andere weitergegeben oder auf sonst eine Weise recycelt. Auch dadurch wird

die benötigte Menge an Rohstoffen, Energie und Arbeitszeit reduziert.

4. Es werden keine Vorgänge zugelassen, die die Gesamtheit schaden wie übermäßige Verwendung von fossilien Brennstoffen, Atomkraft, Müllhalden, extremes Wohlstands-Gefälle u.ä.

5. Schließlich kann der Urriese auch noch ganz direkt zur Koordination der Abläufe in einem solchen globalen Wirtschaftssystem eingesetzt werden. Da der Urriese das kollektive Unterbewußtsein ist und die Bestandteile des kollektiven Unterbewußtseins telepathisch miteinander verbunden sind, kann das Wünschen von dem, was gebraucht wird, allgemein dazu führen, daß man per „sinnvollem Zufall" das Erwünschte erhält.

(Das ist kein abstraktes Konzept – ich lebe seit 20 Jahren auf diese Weise. Ich besitze nur wenige Dinge, die ich nicht zum passenden Zeitpunkt von irgendjemandem erhalten habe, der diese Dinge nicht mehr gebraucht hat. Und die Dinge sind keineswegs „Sperrmüll" – meine Möbel, die ich von verschiedenen Personen geschenkt erhalten habe, sind z.B. alle in genau demselben alten Stil vor ca. 100 Jahren, der mir am liebsten ist.)

Vermutlich wäre bei dieser Art der Wirtschafts-Koordination das Bild des Urriesen, der weiß, was alle Menschen wollen, sehr hilfreich – dieses Bild entspricht ja auch der Wirklichkeit, da sich das kollektive Unterbewußtsein u.a. aus den persönlichen Unterbewußtseinen aller derzeit lebenden Menschen zusammensetzt.

Weiterhin sollte man annehmen, daß der Urriese die Bedürfnisse und Möglichkeiten der Menschen gerne koordiniert – was ebenfalls zutrifft, da die Telepathie ganz allgemein Gleiches mit Gleichem verbindet. Dieses Prinzip kann man in der Magie, in der Homöopathie, in der Astrologie, bei Orakeln usw. beobachten.

Das kollektive Unterbewußtsein als der Urriese, der weiß, was die 7 Milliarden Menschen auf der Erde haben, geben wollen und brauchen, und der zudem freundlich und hilfsbereit ist und Passendes miteinander verbindet, ist zum einen in der Realität gegründet und zum anderen ausgesprochen hilfreich.

Die Voraussetzung dafür, daß der Urriese in dieser Weise wirken und die Wünsche, die Tätigkeiten und den Besitz der Menschen koordinieren kann, ist, daß die Menschen sich darum bemühen, zu erkennen, was sie wirklich wollen – denn der Urriese kann nur das koordinieren, was an Bildern in der Psyche eines Menschen ist. Wenn dort das Bild von Armut ist, wird er dem Betreffenden auch Armut bringen; wenn dort das Bild eines aggressiven, dominanten Ehemanns ist, wird die Betreffende auch nur auf solche Männer treffen; wenn dort das Bild von Kampf und Krieg ist, wird der Betreffende auch genau das erleben usw.

Im Kleinen findet sich die koordinierende Wirkung des Urriesen z.B. in dem Prinzip, daß jede Angst das herbeizieht, wovor man sich fürchtet. Auch ein großer Teil der

Magie beruht auf diesem Prinzip: Man imaginiert ein Bild dessen, was man erreichen will, woraufhin das Leben einem das bringt, was man haben wollte.

Man kann den Urriesen somit auch als die Gesamtheit der Magie in der Welt auffassen.

Die magischen Möglichkeiten, die sich ergeben könnten, wenn eine genügend große Anzahl von Menschen sich selber erkannt und zu leben begonnen hat, d.h. wenn eine genügend große Anzahl von Menschen das tut, was sie wirklich will, könnten deutlich über eine Koordination im Wirtschaftsleben hinausgehen, da das kollektive Unterbewußtsein ja nicht nur die Telepathie enthält, sondern auch die Telekinese. Möglicherweise werden dann die „Wunder" normal, die bisher nur von Magiern, Yogis, Heiligen, Religionsgründern u.ä. vollbracht werden.

Wenn dies geschehen sollte, wird der Urriese noch in einem ganz anderen Licht erscheinen als nur als Koordinator der menschlichen Bedürfnisse und Handlungen. Dann gibt es nicht nur solche Dinge wie den nicht-physischen Lerneffekt des „100. Affen", sondern evtl. auch solche Dinge wie kollektive magische Heilungen oder Materialisierungen. Dann würde der Urriese auch als physisch handelnde Person erscheinen – aber gleichzeitig die Gemeinschaft der Menschen auf der Erde sein. Die Gemeinschaft der Menschen beginnt dann magisch auf sinnvolle Weise aktiv zu werden – eine magische Wirkung haben ja auch schon heute die Bilder im Bewußtsein der Menschen, nur sind diese Wirkungen eher chaotisch, weil die meisten Menschen sich nicht selber kennen und zudem nicht allzuweit in die Zukunft blicken und die Konsequenzen ihres Handelns nicht sehen.

Ich vermute jedoch, daß dieses Bild des per Telepathie allwissenden, hilfsbereiten, koordinierenden und auch konkret per Telekinese handelnden Urriesen noch eine ganze Weile brauchen wird, bis es Realität wird. Vielleicht wird es auch ein ganz anderes Bild für diese Art der Koordination zwischen den Menschen geben, aber die Richtung, in der sich das entwickeln wird, scheint mir doch recht sicher – zum einen, weil die Ansätze dazu schon sichtbar sind, und zum anderen, weil die heutige globale Epoche, die um ca. 1940 begonnen hat, letztlich einer funktionierenden Familie entspricht.

V Zusammenfassung

Der Urriese ist als Ymir, Atum, Adam, Yama, Yima, Purusha und Pan Gu sowie indirekt noch als homo/humus bekannt – er ist der „Erdling": der erste Mensch, der Urriese, der Urgott und die gesamte Erde.

Er wird manchmal „Zweifacher", d.h. „Zwitter" oder „Zwilling", also „Mann/Frau" genannt – was für den ersten Menschen ja ausgesprochen passend ist. Dieses „Zweifache" bezieht sich jedoch auch auf den Leib und die Seele des Urriesen. Die Entdeckung der Seele (Astralkörper) bei einem Nahtod-Erlebnis war die grundlegende religiöse Erkenntnis. Dieses Erlebnis wurde durch den Vogelstab und später durch seine vergrößerte Version, den Totempfahl dargestellt: Der Stab/Stamm ist der Leib und der Vogel auf ihm die Seele. Aus dem Totempfahl wurde später u.a. auch die Himmelssäule in der Mitte der Welt bzw. noch später die vier Himmelssäulen am Rand der Welt.

In Traumreisen erscheint der Urriese in mehreren verschiedenen Varianten mit unterschiedlichem Charakter: als lebende, atmende Erde; als die gelassene, ruhende Urinsel Atum; als freundlicher, lächelnder Ymir; als der humorvolle Pan Gu, der das goldenen leuchtende Herzchakra der Erde ist und im Menschen das „Herz-Lächeln" weckt; als Purusha, der das kollektive Unterbewußtsein der Menschen ist; als Adam der das Ideal des heilen Menschen ist; als verantwortungsbewußter Yima, der der Erste König war und der den Tod als Mittel gegen die Überbevölkerung erschaffen hat; und als der Totengott Yama. Das alles sind natürlich keine verschiedenen Urriesen, sondern nur verschiedene Aspekte des einen Urriesen.

Jeder Mensch ist durch eine Lebenskraft-Nabelschnur von seinem Wurzelchakra aus mit der Erde verbunden. Diese Verbindung strahlt von dem Erdkern aus zu ihm empor und erscheint in ihm als das aufsteigende Kundalini-Feuer. Diese Verbindung kann man auch spüren, wenn man auf der Erde liegt oder barfuß läuft.

Jeder Mensch ist durch eine zweite Lebenskraft-Nabelschnur von seinem Scheitelchakra aus mit der Sonne verbunden. Diese Verbindung strahlt von der Sonne aus zu ihm herab und erscheint in ihm als das herabfließende Bindhu-Licht. Diese Verbindung kann man auch spüren, wenn man sich zur Sonne wendet und ihr die Handflächen entgegenhält.

Der Urriese, d.h. die Erde, hat Chakren entlang der Erdachse, die der Sushumna im Menschen entspricht: das Herzchakra im Erdkern, Sonnengeflecht und Halschakra im Magma, Hara und Drittes Auge in der Erdkruste, sowie Wurzelchakra und Scheitelchakra in der Atmosphäre. Die Erdachse entspricht nicht nur der Sushumna im Yoga, sondern auch der Weltensäule, dem Weltenbaum, der Mittleren Säule des kabbalistischen Lebensbaumes und somit dem Rückgrat des Adam Kadmon, sowie dem Rückgrat des Osiris, der als „Djed" ebenfalls der Weltenbaum ist.

161

Die Kraftorte entsprechen den Akupunkturpunkten und die Leylines den Nadis und den Akupunkturmeridianen. Auf Traumreisen kann diese Lebenskraft-Struktur des Urriesen wie ein „weiches Glitzern" wahrnehmen.

Das Beeinflussen dieser Orte auf der Erde durch Rituale entspricht der Akupressur beim Menschen.

Die Erschaffung der Welt aus dem zerstückelten Urriesen ist ein Bild aus der Welt der altsteinzeitlichen Jäger, die ihre Jagdbeute zerteilten und das Fleisch, das Fell, die Knochen und die Sehnen für verschiedene Zwecke nutzen. Die Bilder, die am weitesten verbreitet sind und daher auch am ältesten sein werden, sind die fünf Gleichsetzungen: Schädel = Himmel; Fleisch = Erde; Blut = Gewässer; Haare = Bäume; Augen = Sonne und Mond.

Der Urriese ist entweder einfach am Anfang der Welt schon da oder wird von der Urmeer/Urkuh-Göttin geboren oder er steigt als Insel aus dem Urmeer auf – oder er wird (sehr viel später) von dem Einen Gott erschaffen.

Der Urriese zeugt die Menschen aus sich selber heraus oder erschafft sie wie einen Totempfahl aus einem Baumstamm oder wie eine Statuette aus Lehm. Der Urriese ist auch der Urahn der Riesen und der Götter.

Manchmal entsteht der Urriese auch aus zwei Gegensätzen heraus – dies sind Leib und Seele, Diesseits und Jenseits, Leben und Tod.

Der Urriese ist auch der kabbalistische Lebensbaum und ebenso die Mischung und der Fluß von Yin und Yang. Das Ba Gua und das Vashtu Purusha sind eigentlich keine Eigenschaften des Urriesen, sondern eine allgemeine Struktur, die nach ihm benannt worden ist.

Man kann den Urriesen als den Kreis der zwölf astrologischen Häuser auffassen, wodurch der Urriese dann die Gestalt eines zu einem Kreis gebogenen Menschen erhält. Die jeweils aktuellen Planetenstände sind die Rhythmen in dem Urriesen. Der Urriese ist das Gruppen-Bewußtsein der Menschen und hat daher keinen Geburtszeitpunkt und auch kein Geburts-Horoskop.

Der Urriese ist das kollektives Unterbewußtsein der Menschen und somit auch das Archiv all ihrer Erfahrungen aus der heutigen Zeit und aus früheren Zeiten. Nachts im Schlaf ist das Unterbewußtsein der Menschen im kollektiven Unterbewußtsein, d.h. beim Urriesen.

Der Urriese ist auch die Gesamtheit der Telepathie, der Telekinese und somit der ganzen Magie, da er die Lebenskraft ist. Seine Handlungen sind die kollektive Telepathie und die kollektive Telekinese, die z.B. Kornkreise entstehen läßt. Diese kollektive Telekinese entsteht ab einer bestimmten Anzahl von Menschen, die auf etwas konzentriert sind („Prinzip des 100. Affen").

Der Urriese ist der perfekte Spiegel für alle Menschen – er ruft per Magie (Telepathie/Telekinese) die Entsprechungen zu den inneren Bildern der Menschen herbei: Das Außen gleicht dem Innen. Das Innere des Urriesen ist durch das Prinzip

„Gleiches gesellt sich zu Gleichem" geordnet – so wie es auch das persönlich Unterbewußtsein des Menschen ist.

Der Urriese als die Gesamtheit der menschlichen Telepathie und Telekinese ist die Grundlage dafür, daß der Urriese bzw. die Menschheit als Ganzes auch einen Teil ihrer Wirtschaft und Politik mithilfe des Urriesen koordinieren könnte.

Der Urriese ist das kollektive Unterbewußtsein und als solches ein abgrenzungs-loser Zustand, der das Unterbewußtsein aller Menschen umfaßt. Diese Abgrenzungs-losigkeit ist auch ein wesentliches Merkmal des Bewußtseins der Götter. Man kann diesen Zustand u.a. durch die Erweckung der Kundalini erreichen – was dem Öffnen oder Bewußtswerden der Lebenskraft-Nabelschnur zu der Erde und somit zu dem Urriesen und zu dem kollektiven Unterbewußtsein entspricht. Die Erweckung der Kundalini ist somit auch eine Selbst-Integrierung in den Urriesen.

Der Urriese ist die Gesamtheit aller Unterbewußtseine der Menschen; Gaia enthält zudem auch das kollektive Unterbewußtsein der Tiere („Tier-Müttergöttinnen"), das kollektive Unterbewußtsein der Pflanzen („Elfen"), das kollektive Unterbewußtsein der Steine usw.

English Books by Harry Eilenstein

- Living Magic (261 p.)	- Money Magic for Beginners (60 p.)
- The Synthesis of Physics and Magic (192 p.)	- Magic Objects for Beginners (64 p.)
- Telepathy for Beginners (60 p.)	- Shamanism for Beginners (52 p.)
- Telepathy for Advanced Learners (52 p.)	- Chakra-Magic for Beginners (148 p.)
- Telekinesis for Beginners (56 p.)	- Language of the Moon – for Beginners (128 p.)
- Life Force for Beginners (76 p.)	- Self Knowledge for Beginners (60 p.)
- Kundalini for Beginners (104 p.)	- Da'ath-Magic for Beginners (64 p.)
- Astral Projection for Beginners (60 p.)	- Astrology for Beginners (112 p.)
- Meditation for Beginners (60 p.)	- Number Symbolism for Beginners (64 p.)
- Prophecy for Beginners (60 p.)	- Mandalas for Beginners (76 p.)
- Ritual Magic for Beginners (64 p.)	- Crop Circles for Beginners (344 p.)
- Magic Chant for Beginners (108 p.)	- Feng Shui for Beginners (96 p.)
- Invocations for Beginners (52 p.)	- Magic Research for Beginners (140 p.)
- Evocations for Beginners (62 p.)	
- Auto-Movement for Beginners (60 p.)	- Magic for Beginners – Anthology I (636 p.)
- Elves for Beginners (56 p.)	- Magic for Beginners – Anthology II (616 p.)
- Hypnosis for Beginners (56 p.)	- Magic for Beginners – Anthology III (684 p.)
- Love Magic for Beginners (52 p.)	- Magic for Beginners – Anthology IV (580 p.)

Bücher von Harry Eilenstein

Religion allgemein
- Die sieben Schritte des Lebens (428 S.)
- Muttergöttin und Schamanen (168 S.)
- Göbekli Tepe (472 S.)
- Die Göttin von Göbekli Tepe (144 S.)
- Totempfähle (440 S.)
- Der Urriese (168 S.)
- Die Biographie des Teufels (144 S.)
- Pan (336 S.)
- Christus (60 S.)
- Dakini (80 S.)
- Vajra (76 S.)

Ägypten
- Hathor und Re 1: Götter und Mythen im Alten Ägypten (432 S.)
- Hathor und Re 2: Die altägyptische Religion – Ursprünge, Kult und Magie (396 S.)
- Isis (508 S.)

Indogermanen
- Die Entwicklung der indogermanischen Religionen (700 S.)
- Wurzeln und Zweige der indogermanischen Religion (224 S.)

Germanen
- Die Götter der Germanen (87 Bände – siehe nächste Seite)
- Odin (300 S.)

Kelten
- Cernunnos (690 S.)
- Taliesin (228 S.)
- Der Kessel von Gundestrup (220 S.)
- Der Chiemsee-Kessel (76)

Psychologie
- Über die Freude (100 S.)
- Das Geheimnis des inneren Friedens (252 S.)
- Das Beziehungsmandala (52 S.)
- Gefühle und ihre Verwandlungen (404 S.)
- einsgerichtet (140 S.)
- Liebe und Eigenständigkeit (216 S.)
- Von innerer Fülle zu äußerem Gedeihen (52 S.)

Heilung
- Die Symbolik der Krankheiten (76 S.)

Kunst
- Herz des Tanzes – Tanz des Herzens (160 S.)

Drama
- König Athelstan (104 S.)

Bücher von Harry Eilenstein

„Magie für Anfänger"

- Telepathie für Anfänger (60 S.)
- Telepathie für Fortgeschrittene (52 S.)
- Telekinese für Anfänger (52 S.)
- Lebenskraft für Anfänger (60 S.)
- Meditation für Anfänger (56 S.)
- Kundalini für Anfänger (100 S.)
- Hypnose für Anfänger (56 S.)
- Auto-Movement für Anfänger (56 S.)
- Chakra-Magie für Anfänger (148 S.)
- Astralreisen für Anfänger (56 S.)
- Astrologie für Anfänger (120 S.)
- Ritual-Magie für Anfänger (56 S.)
- Mandalas für Anfänger (68 S.)
- Geldzauber für Anfänger (56 S.)
- Liebeszauber für Anfänger (52 S.)
- Invokationen für Anfänger (52 S.)
- Evokationen für Anfänger (60 S.)
- Elfen für Anfänger (56 S.)
- Magie-Forschung für Anfänger (140 S.)
- Selbsterkenntnis für Anfänger (52 S.)
- Zahlensymbolik für Anfänger (60 S.)
- Die Sprache des Mondes – für Anfänger (116 S.)
- Zaubergesänge für Anfänger (100 S.)
- Zukunftschau für Anfänger (60 S.)
- Schamanismus für Anfänger (52 S.)
- Magische Gegenstände für Anfänger (68 S.)
- Da'ath-Magie für Anfänger (64 S.)
- Kornkreise für Anfänger (348 S.)
- Feng Shui für Anfänger (96 S.)
- Magie für Anfänger – Sammelband I (696 S.)
- Magie für Anfänger – Sammelband II (664 S.)
- Magie für Anfänger – Sammelband III (580 S.)

„Traumreisen"

- Traumreisen zu Heilpflanzen (700 S.)

Magie

- Handbuch für Zauberlehrlinge (408 S.)
- Tarot (104 S.)
- Physik und Magie (184 S.)
- Die Synthese von Physik und Magie (200S.)
- Die Magie-Formel (156 S.)
- Krafttiere – Tiergöttinnen – Tiertänze (112 S.)
- Schwitzhütten (524 S.)
- Mythen und Magie der Harfe (116 S.)
- Magie heute – Berichte aus der Praxis (288 S.)

Meditation

- Der Lebenskraftkörper (230 S.)
- Die Chakren (100 S.)
- Das Chakren-System mit den Nebenchakren (296 S.)
- Organe und Chakren (64 S.)
- Die platonischen Körper in den Chakren (156 S.)
- Meditation (140 S.)
- Drachenfeuer (124 S.)
- Kundalini I (676 S.)
- Reinkarnation (156 S.)
- einsgerichtet (140 S.)

Astrologie

- Astrologie (496 S.)
- Photo-Astrologie (428 S.)
- Die astrologischen Aspekte (88 S.)
- Horoskop und Seele (120 S.)

Kabbala

- Kursus der praktischen Kabbala (150 S.)
- Eltern der Erde (450 S.)
- Blüten des Lebensbaumes:
    - Die Struktur des kabbalistischen Lebensbaumes (370 S.)
    - Der kabbalistische Lebensbaum als Forschungshilfsmittel (580 S.)
    - Der kabbalistische Lebensbaum als spirituelle Landkarte (520 S.)

Die Themen der 87 Bände der Reihe „Die Götter der Germanen"